한중 FTA와
지방경제협력
연구

이 책은 인천대학교 2017년도 법인회계예산 지원으로 출판되었음.

한중 FTA와
지방경제협력
연구

이주영 · 윤성혜 지음
인천대학교 중국학술원 기획

學古房

경제통합의 확산으로 세계화가 추진되면서 국가 간 경계가 점차 사라지고 국가의 역할은 축소되고 있는 반면 준국가정부로서 지방정부의 역할은 점차 확대되고 있다. 한중 경제협력 역시 지방정부의 역할이 중요해지고 있다. 한중 양국은 1992년 수교 이후 전략적 동반자로서 정치, 외교안보, 경제, 문화 등 다방면에서 협력을 지속해 왔고 2015년 한중자유무역협정(FTA)의 체결로 경제 분야에서 양국 간 협력이 더욱 강화될 것으로 기대하고 있다. 한중 FTA는 국가 차원에서 체결한 협약이지만 한중 FTA 협정문 제17.25조 지방경제 협력 조항에 웨이하이와 인천경제자유구역(IFEZ)을 지방 경제 협력 시범지구로서 지정하여 한중 경제협력의 이행 주체로서 지방정부 간의 협력이 절실히 요구되고 있다.

이를 반영하여 본 연구는 국가 차원에서 중앙정부 주도로 진행되었던 경제협력을 중심으로 대외경제협력을 재해석하고 지방정부 간 효율적인 경제협력을 이행하기 위한 방안을 모색하고 이를 실천하기 위한 몇 가지 정책적 방안들을 제시하고 있다. 본 연구의 결과물이 향후 한중 지방경제협력을 강화하고 지역경제 발전에 기여할 수 있기를 기원한다.

2018.02

연구의 필요성 및 기대효과

○ 국제화 추세가 확산되면서 중앙정부를 대표로 하는 국가들 간의 교류와 협력보다 지방정부가 실행 주체가 되어 경제협력을 이행하는 사례가 증가하고 있음

- 지방경제협력은 국가 간 협력 네트워크 구축 보다 신속하고 각 지방 도시 간 소통이 용이하며 국가 간 정치 · 외교적 갈등에서 비롯된 협력 단절 등의 영향을 적게 받는다는 점에서 지방 도시 간 경제협력이 더욱 중요해지고 있음

- 더욱이 한중 FTA 협정문 제17장 경제협력 챕터의 지방경제협력(제17.5조)과 한국 - 중국 산업단지/공업원(제17.26조)을 조성하기로 합의하면서 지방경제협력은 더욱 공고해지고 제도화되고 있다. 하지만 FTA 체결 이후 2년이 지난 지금까지 가시적 성과를 보이지 못하고 있고 관련 연구도 미미한 수준임

- 따라서 본 연구는 중앙정부의 대외경제협력정책을 지방정부의 관점에서 고찰하고, 이행을 위한 지방정부의 정책과 수단을 분석하고 있으며 이러한 과정을 통해 중앙정부의 정책이 지방정부에서 어떻게 이행되는지를 파악하고, 그 한계점을 분석 · 종합하여 한중 지방경제협력에 있어 보다 실질적이고 실현가능한 협력 정책 및 방안을 제시하고 한중 지방경제협력을 활성화 하는데 기여하고자 함

한국과 중국의 지방경제협력 현황

○ 지방경제협력은 지방정부 간 생산요소의 보완성을 바탕으로 경제이익의 상호이해를 증진하려는 지방경제차원의 국제협력 방식임

- 국가, 지역 간 경계가 모호해 지고 상호의존성이 높아지는 가운데 보호무역이 성행하는 국제화 추세에 지방경제협력은 경제발전의 새로운 대안으로 대두되고 있음
- 이와 더불어 지방정부의 역할이 강화됨에 따라 인적자원이나 문화교류가 주를 이루던 지방정부의 대외협력 영역이 경제적 상호이익의 성격을 갖는 경제협력으로 확대되고 있음
- 또한 국가 간 무역장벽 완화에 있어서도 정치, 외교적 이슈의 영향을 비교적 덜 받는 지방정부 간 협력의 중요성이 높아지고 있음
- 한국의 지방경제협력은 지방자치가 시작된 1990년 후반에 이르러 논의되기 시작했으며, 초기 한중일 다자 지방정부간 경제협력을 시도한 바 있음
- 한중일 지방정부간 경제협력은 협력을 위한 협의체를 구성하는 등 적극적 움직임이 있었으나 지방성을 극복하지 못 하고 더 이상 발전하지 못 함
- 2000년대 들어 중국의 경제성장과 해외진출정책(走出去)에 따라 중국 총칭과 한국 무안의 협력을 통해 한국에 경제협력단지 건설을 추진하면서 한중 경제교류의 교두보 역할은 물론 지방경제 활성화에 기여할 것으로 기대하였으나 한국 지방정부의 역량부족으로 성공하지 못 함

○ 한편, 중국도 지방분권화에 따라 지방정부가 주도하는 지역중심의 다양한 경제 발전 모델의 형성, 개혁개방정책, 그리고 일국양제라는 독특한 정치체제로 자연스럽게 지방정부차원의 국내외 경제협력이 이루어져 옴
- 특히, 산동성은 2007년부터 한중일 3국간 자유무역지대 건설에 대한 사전조사를 실시해 왔으며, 산동성 각 지방도시와 협력이 가능한 한일 지방도시를 탐색하여 동반자관계를 맺는 등 지방정부 간 경제협력에 있어 적극적 행보를 보여 왔음

- 산동성 웨이하이 지방정부는 한중 FTA 협상에 지속적으로 협상인원을 파견하여 한중 지방경제협력이 협정문에 포함될 수 있도록 노력할 정도 한국 지방정부와의 경제협력에 적극적임
- 한중 양국 간 산발적으로 이루어지던 지방경제협력은 한중 FTA 협정문에 지방경제협력 조항이 포함되면서 새로운 국면을 맞이하고 있음
- 지방경제협력 조항에 따라 지방정부가 적극적 이행 주체가 되면서 대외경제협력에 있어 지금까지는 다소 소극적이었던 지방정부의 적극적 노력이 요구되고 있음

중국의 대외 지방경제협력 정책

○ 중국의 대외 지방경제협력은 그 목적에 따라 국내외에서 각각 진행되었으며, 한중 FTA 체결에 따른 지방경제협력은 그 이전의 것과는 차별되는 특징을 보임
- 우선, 중국 해외기반 지방경제협력의 목적은 중국기업의 해외진출에 있으며, 해외진출 성공을 위해서 진출지역의 지방정부와 협력하여 해외경제협력구라 불리는 산업단지를 조성하고 양국 중앙정부 및 협력 지방정부의 우대혜택을 누릴 수 있는 환경을 만들어 줌
- 해외기반 경제협력은 그 협력 주체와 방법에 따라 다양한 형태로 나타나는데 라이지자유무역구와 안양공업구가 중국 지방정부와 협력국 지방정부가 협력을 통해서 건설한 산업단지의 대표적 예로 볼 수 있음
- 국내기반 지방경제협력은 해외기반과 정반대로 협력지역의 산업이나 기업을 중국 국내로 유인하기 위하여 국내에 산업단지나 공업원을 건설하는 것임
- 산동성 남색경제구 한중일 지방경제협력시험구가 국내기반 지방경제협력

의 한 예로 볼 수 있으며, 해외기반 경제협력과는 달리 '선행선식'이라는 파격적 제도시험단지로서의 역할을 하는 것이 특징임

- 한중 FTA에 근거한 지방경제협력은 산동성의 선행선식 제도를 활용한 무역 편리화의 실현, 산업 및 물류, 교류 협력의 구현을 목적으로 함
- 한중 FTA 지방경제협력 이행을 위해서 이행 주체인 인천과 웨이하이는 협력강화합의서를 체결하고 협력 시범사업 마련을 위해 노력하고 있음

한중지방경제협력 시범사업: 상호인정

○ 상호인정협정(MRA)이란 한국에서 받은 KC인증과 같은 인증을 중국에서 도 인정받을 수 있도록 기술의 표준화 혹은 절차의 표준화를 통해 적합성 평가를 상호 인정하는 것으로 무역기술장벽으로 한중 교역에서 상품의 자 유로운 이동을 저해하는 대표적 비관세장벽을 해소 할 수 있는 방안 중 하나임

- 한중 FTA 협정문 제6장 무역에 관한 기술장벽을 체결하면서 TBT 애로완 화 방안, 제품안전협력 및 시험인증기관의 중국진출 협력 등 총 15조항에 대한 합의를 한 바 있으며 중국에서 기체결한 TBT 협정문에는 없는 국제 공인(IECEE, 전기용품)성적서 상호수용, 소비자제품안전 정보 교환 및 시 행 협력, 상대국 시험·인증기관 설립 및 운영에 협력하고 중국품질감독 검사검역총국(AQSIQ) - 국가기술표준원(KATS) 간 무역기술장벽 위원회 를 설치하기로 한 신규 조항을 포함하여 양국 간 교역 장벽을 해소하려는 조치가 포함되어 있음
- 한국의 국가기술표준원(KATS)과 중국의 중국국가인감위(CNCA)가 상호인 정 코디네이터 기관을 지정하여 시행하였으며 중국의 경우 품질인증센터 (CQC) 1개 기관, 한국의 경우 한국산업기술시험원(KTL), 한국화학융합시

험연구원(KTR), 한국기계전기전자시험연구원(KTC) 3개 기관이 인증기관
으로 지정됨

- 이로써 한국에서 황다오보세구로 들어오는 제품에 대하여 중복 시험을 할
필요 없이 KTR의 시험 자료를 통관시험용 자료로 인정하는 상호인증이
적용되기 시작하였으나 상호인정이 전면적으로 시행되고 있지 않아 한중
지방경제협력 차원에서 확대할 필요가 있음

한중지방경제협력 시범사업: 복합운송

○ 복합운송은 한중 열차페리, 한중 카페리, 해상철도 사례를 보여주고
있음

- 열차페리는 한중 간 육지의 기차와 해상의 선박이 결합된 형태의 복합운
송시스템으로 열차페리 복합운송은 화물을 적재한 열차를 선박에 바로
싣기 때문에 복잡한 하역 과정 없이 바로 화물 운송이 가능하다는 장점
이 있는 반면 적정 시설 및 운송화물의 불균형으로 인한 문제 발생 시
화물과 열차, 컨테이너 등 회수의 어려움 그리고 철도와 항만시설에 막
대한 고정비가 소요될 수 있다는 단점이 있음

- 2002년 「한중 열차페리 운항에 대한 양해각서」를 체결 한 이후 2004년 건
설교통부(현 국토교통부)와 한국철도기술연구원은 한중 열차페리의 경제
적 타당성과 현실적 사업 시행 가능성이 낮다는 연구결과에 따라 사업이
중단되었다가 2013년 유라시아 이니셔티브 전략 발표 이후 다시 논의되기
시작함

- 중국 옌타이에서 다롄(大连) 간 열차페리가 이미 운행되고 있어 옌타이항
을 경우 하여 중국횡단철도(TCR)과 다롄을 통해 중국 동북지역으로 운송

이 용이할 것으로 예상되지만 한중 열차페리 운항까지는 긴 시간이 필요할 것으로 예상됨

○ 한중 카페리운행은 1990년도 인천 - 웨이하이 노선을 시작으로 2014년에 추가된 평택 - 옌타이 노선까지 현재 한중 간 운항하는 카페리 운항은 14개 카페리사의 16개 항로가 운행 중이며 인천과 평택을 중복으로 기항하고 있는 중국내 항만은 웨이하이, 옌타이, 롄윈강(连云港)이며 인천과 군산을 중복으로 기항하고 있는 중국내 항만은 스다오(石島)가 있음
- 최근 카페리의 경제적 효율성으로 물동량이 증가 추세에 있어 향후 협력은 더욱 확대될 것임

○ 해상철도 복합운송(Sea-Rail)은 컨테이너 운송열차가 추가로 개통되면서 철도로 운송되는 컨테이너를 선박에 실어 운반하는 방식으로 최근 중국 내 컨테이너 운송열차 개통으로 활용 범위가 넓어지고 있음
- 웨이하이 원덩(文登)역에서 출발하여 독일 함부르크까지 직행하는 컨테이너 국제화물열차인 중국 - EU열차(海铁联运中欧班列)가 정식 개통되어 한국에서 중국 철도운송을 이용하여 중앙아시아와 유럽, 동남아시아까지 화물 운송이 가능하게 됨
- 운송 상품의 종류도 일반제품에서 최근 신선제품으로 확대되고 있음
- 2017년 9월 1일 쿤밍(昆明)에서 출발하여 웨이하이시 웨이팡 서역을 거쳐 원덩(文登)역까지 연결되는 콜드체인 운송열차가 개통되면서 한국과 일본으로 신선제품이 수출입 되고 있으며 콜드체인 운송열차를 이용할 경우 도로운송비의 30%를 절감할 수 있는 효과가 있음

○ 해운 EMS 국제특송의 경우 국제전자상거래 규모 증가로 시범운행 되고 있으며 2016년 6월 1일 한중 해상 EMS 수출 업무가 정식 개통됨에 따라 임강경제기술개발구(临港经济技术开发区)의 국제물류단지에 국제특송 센터가 마련되어 한중 해운 EMS(中韩海运EMS速递邮路) 수출입이 가능해 짐

정책적 시사점 및 결론

○ 한중 FTA 체결로 양 국가의 지방정부간 경제협력이 새로운 국면을 맞이하고 있으며 한중 FTA 지방경제협력의 시범도시로 인천과 웨이하이가 지정되면서 한중 FTA 이행의 전략 도시로 기대를 모으고 있으며 특히 두 도시 간 경제협력은 한중 무역에 있어 제도적 비관세장벽을 완화하기 위한 시범사업을 주요 목적으로 함

○ 본 연구는 인천과 웨이하이 간 경제협력 시범사업의 발굴을 위해 중국의 개혁개방 심화를 위해 활용하고 있는 경제협력의 여러 사례들을 집중 분석하였고 이를 통해 몇 가지 시사점을 도출하였음
- 첫째, 한중 양국의 지방정부 간 지속가능한 경제협력을 위한 추진체제를 마련하는 것임.
- 추진체계는 투트랙으로 진행되어야 하며 첫 번째는 두 도시 간 협력을 위한 대화채널의 구축 마련이고 두 번째는 자국 내 추진체계를 구축하는 것임
- 현재 진행되고 있는 두 지역 지방정부 간 연석회의의 정치 · 외교적 영향을 최소화 하여 두 지역의 협력을 추진할 수 있는 공동의 대화채널이 마련되어야 할 것이며 지속적인 국내 지원과 지지를 얻을 수 있는 국내 부처 간, 중앙과 지방 간, 그리고 시범지역과 이외 지역 간 협의체 구성이 필요함

- 둘째, 한중 지방경제협력 시범사업의 이행을 위한 근거 법률 마련이 필요함
- 통관, 검사·검역 등 무역편리화를 실현하는 과정에서 지방정부가 가지는 행정권한의 제한으로 시범사업을 추진할 수 없는 한계가 있음
- 국가가 정하는 법률에 근거하여 직무를 수행하는데 시범사업에 대한 근거 법률을 제정하여 시범사업의 이행을 위해서는 세관, 국립검역소, 농림축산검역본부, 국가기술표준원, 식품의약품안전처, 상공회의소 등 관련 기관들 간 유기적 협조가 가능하도록 해야 함
- 셋째, 한중 지방경제협력 시범사업을 구상하고 구체화 할 공동 연구기관(싱크탱크)을 마련해야 함
- 양국의 중앙정부와 지방정부가 공동으로 출자하여 한중 지방경제협력 시범사업을 연구하는 전문기관을 설립하여 전문연구기관을 통해 양국의 중앙과 지방 정부의 의견과 역할을 조율하고 또한 지방경제협력을 위한 시범사업을 양국이 공동으로 발굴함으로써 사업의 실현을 위한 적절한 방안을 공동으로 모색하는 것이 바람직함

○ 지방경제협력의 모범 사례를 구축하고 시범사업을 각 지역으로 네트워크화하여 전국으로 확대 될 수 있도록 총체적 지원과 연구가 필요함

연구요약 6

제1장 서론 19

1. 연구의 필요성과 목적 20

가. 연구의 필요성 20
나. 연구의 목적 22

2. 연구의 범위와 방법 23

가. 연구의 범위 23
나. 연구의 방법 24

제2장 한중 지방경제협력 현황 27

1. 지방정부와 경제협력 28

가. 지방경제협력의 개념과 필요성 28
나. 지방경제협력의 연혁과 유형 33

2. 한국과 중국의 지방경제협력 36

가. 한중 경제관계 36
나. 한국 지방자치와 경제협력 44
다. 중국 지방분권화와 경제협력 47

3. 한중 FTA와 지방경제협력 51

　　가. 한중 FTA 지방경제협력의 배경 51
　　나. 한중 FTA 지방경제협력의 주요내용 53

제3장 중국의 대외 지방경제협력 정책 63

1. 해외기반 지방경제협력 정책 64

　　가. 대외경제협력 정책의 연혁 64
　　나. 해외경제협력의 주요내용 66
　　다. 해외 지방경제협력 추진 사례 71

2. 국내기반 지방경제협력 정책 75

　　가. 지방중심의 경제개발 정책과 경제협력 75
　　나. 산동성 지방경제협력 시범구 건설 방안 79
　　다. 한중 지방경제협력 주요전략 88

3. 한중 FTA기반 지방경제협력 정책 90

　　가. 지방경제협력 시범도시 간 협력 현황 90
　　나. 웨이하이 지방경제협력 시범구 발전계획 94

제4장 한중 경제협력 시범사업 사례분석 107

1. 상호인정 108

   가. 한중 FTA 무역기술장벽(TBT) 협약 108
   나. 한국화학융합시험연구원(KTR) 상호인정 사례 115

2. 복합운송 122

   가. 한중 해육상 복합운송 122
   나. 한중 카페리 운행 125
   다. 해상철도 복합운송 132

제5장 한중 지방경제협력에 대한 시사점 137

1. 한중 지방경제협력 대응전략 138

   가. 지방정부의 대외경제협력 138
   나. 한중 지방경제협력 141

2. 인천-웨이하이 시범사업 이행전략 146

   가. 상호인정 도입 146
   나. 해상복합운송 149
   다. 해상간이통관시스템 구축 150
   라. 콜드체인 복합운송시스템 활용 151
   마. 공동 인재양성 시범사업 153

3. 서비스분야의 지방경제협력 전략　153

　가. 중국 서비스산업과 소비증가　154
　나. 중국 서비스시장의 대외개방　156
　다. 한중 FTA 서비스분야의 지방경제협력　159

제6장　결론　163

참고문헌　168

부록　175

山东省委办公厅、省政府办公厅关于支持威海中韩自贸区地方经济
　合作示范区建设的若干意见　176
威海市人民政府关于加快建设中韩（威海）经济合作示范区的实施
　意见　183
山东省人民政府办公厅印发关于在山东半岛蓝色经济区建设中日韩
　地方经济合作示范区的框架方案的通知　190
关于在山东半岛蓝色经济区建设中日韩地方经济合作示范区的框架
　方案　192

제1장
서론

1. 연구의 필요성과 목적

2. 연구의 범위와 방법

1. 연구의 필요성과 목적

가. 연구의 필요성

한중 양국은 1992년 수교 이후 전략적 동반자로서 정치, 외교안보, 경제, 문화 등 다방면에서 협력이 진행되고 있다. 더욱이 2015년 한중 자유무역협정(FTA) 체결로 경제 분야에서 양국 간 협력을 더욱 강화할 수 있을 것으로 기대하고 있다. 특히 한중 FTA는 한국의 FTA 역사상 전례가 없었던 '지방정부 간 경제협력'과 '한중 산업원' 건설에 관한 내용을 포함하고 있어 한중 경제협력의 새로운 전기를 맞이하고 있다. 비록 협정문에는 경제협력 챕터 내 하나의 조문으로 삽입되어 있지만, 그 시도는 매우 파격적이라 할 수 있다.

한국에서의 경제협력이라 함은 주로 중앙정부가 직접 주도하는 국가 대 국가의 협력을 말한다. 하지만 한중 FTA에 양국이 합의한 경제협력은 중앙정부 차원이 아닌 지방정부가 이행을 주도하는 것으로 통상적으로 진행되었던 경제협력과 비교하여 매우 이례적이라 할 수 있다.

한국은 지방자치가 활성화 되는 90년대 이후 지방정부 주도로 이웃 국가인 중국과 일본 지방정부를 중심으로 지방협력을 시도해 왔다. 지방정부 간 협력은 주로 교류를 강화하는 수준의 협력이었고 문화교류 및 인적교류 형식으로 진행되어 왔다. 경제교류 측면에서 한중일 지방정부 간 경제협력을 위한 협의체를 구성하는 등의 시도가 있었다. 하지만 각 지방 산업의 발전 정도, 지방정부의 제한된 권한 등 물리적 요소의 제약뿐만 아니라, 정치, 외교, 안보 등 국가 간 이익, 불안요소, 국민 간 정서적 괴리 등 다양한 요인이 복합적으로 작용하여 지방정부

간 경제교류가 활성화되기엔 역부족이었다.

반면, 중국은 국가 간, 국가와 지방정부 간, 지방정부와 기업 간 등 다양한 형태의 경제협력을 시도해 왔다. 2006년부터 활발하게 진행되고 있는 중국기업의 해외진출(走出去) 정책도 해외에 거점을 둔 국가 간 지방경제협력의 한 형태로 볼 수 있다. 중국기업의 해외진출 정책은 국내 내수시장의 한계를 극복하는 중요한 경제정책임은 틀림이 없다. 이를 정책이행의 관점에서 보면, 중앙정부 및 지방정부 간 협력과 정부 지원이라는 메커니즘을 통해 실현된다. 다시 말해 중국의 대외 지방경제협력은 중앙정부 및 지방정부 간 협력에 기초하고, 중앙정부의 지원과 지방정부의 실질적 이행의 형식으로 진행된다.

중국의 경제협력 경험은 중국기업이 해외 지방도시로 진출하는 것에 국한되지 않는다. 해외 유수한 기업들을 유치하기 위하여 상대 국가나 그 국가의 지방정부와 협력하기도 한다. 예를 들면, 지정학적으로 한국과 근접해 있는 중국 산동성이 90년대 초반부터 실시하고 있는 '한중일 지방경제협력 시범단지'가 있다. 또 최근 시진핑 정부가 추진 중에 있는 일대일로 사업도 일대일로 연선국가와의 경제협력을 통해 추진되고 있다. 이처럼 중국은 다양한 형태로 경제협력을 진행하고 있으며, 지방정부가 일정정도의 권한을 가지고 적극적으로 이를 이행하고 있다. 중국 지방정부가 대외경제협력에 적극적으로 뛰어들 수 있었던 이유는 지방정부가 기업의 지분을 가지고 있거나 경영권을 가지는 중국 특유의 경제제도에서 그 원인을 찾을 수 있다. 또 다른 이유는 지방분권화로 지방행정권이 강화되어 지방정부 주도로 국제교류가 가능해졌고, 세제개혁으로 지방정부 스스로 재원을 마련해야하는 제도적 변화에서 기인했다. 분명한 것은 중국 지방정부의 대외경제협력 사업이 주체적이고 매우 적극적이라는 점이다.

이러한 배경 하에서 채택된 한중 FTA 지방경제협력 조항은 한중 양국 지방정부 간의 경제협력을 북돋는 중요한 계기가 되었다. 한중 FTA를 근거로 이루어지는 지방경제협력은 산업협력뿐만 아니라, 무역편리화 등에 있어 제도협력의 내용도 함께 포함하고 있다. 이러한 이유로 한중지방경제협력은 향후 양국 경제개방의 확대와 경제통합에 있어 중요한 척도가 될 수 있을 것으로 기대하였다. 이에 따라 한중 지방정부는 경제협력 이행을 위해 적극적으로 준비하기 시작했다. 하지만 FTA 체결 이후 2년이 지난 지금까지 가시적 성과를 보이지 못하고 있고 이에 관한 연구도 미미한 수준이다.

한중 FTA를 활용한 지방경제협력의 원만한 이행을 위해 이에 대한 다양한 연구가 시급한 시점이다. 특히, 한중 지방경제협력의 대상 지역으로 선정된 인천시[1]와 웨이하이시 간의 경제협력은 한중 FTA에 근거한 지방경제협력인 만큼 모범 사례를 만드는 것이 무엇보다 중요하다. 이를 위해 지방정부 협력의 관점에서 중국의 경제협력 정책과 사례들을 분석해 보고 이를 바탕으로 인천시의 적절한 협력방안과 중앙정부의 지원방안을 제시할 수 있는 선행 연구가 필요하다.

나. 연구의 목적

본 연구는 국가 차원에서 중앙정부 주도로 진행되었던 경제협력의 이행을 중심으로 대외경제협력을 재해석하고 지방정부 간 효율적인 경

---

1) 한중 FTA 지방경제협력과 관련하여 산둥성 웨이하이시와 인천경제자유구역청 (IFFZ)이 시범구로 선정되었으나 본 연구에서는 IFFZ를 인천시로 통칭하기로 한다.

제협력을 이행하기 위한 방안을 모색하는데 연구의 목적을 두고 있다. 한중 FTA의 경제협력 챕터는 한국과 중국 양국 정부의 경제협력이라는 거시적 쟁점에 대해 함께 합의한 사항이다. 하지만 실질적 FTA 경제협력 챕터의 이행은 중앙정부가 아닌 기업 혹은 지방정부가 그 이행의 주체가 된다는 점을 본 연구는 주목하고 있다. 경제협력 챕터에 포함되어 있는 '지방경제협력'이나 '한중 산업단지/공업원' 건설도 마찬가지로 중국의 웨이하이시와 한국의 인천시, 중국의 옌타이, 옌청, 후이저우 등과 한국의 새만금이 어떻게 협력하느냐에 따라 이행여부가 결정된다.

따라서 본 연구는 중앙정부의 대외경제협력정책을 지방정부의 관점에서 고찰하고, 이행을 위한 지방정부의 정책과 수단을 분석한다. 이러한 과정을 통해 중앙정부의 정책이 지방정부에서 어떻게 이행되는지를 파악하고, 그 한계점을 분석한다. 이를 종합하여 한중 지방경제협력에 있어 보다 실질적이고 실현가능한 협력 정책 및 방안을 제시하도록 한다.

2. 연구의 범위와 방법

가. 연구의 범위

본 연구는 한중 FTA 경제협력 챕터에 포함되어 있는 한중지방경제협력 이행에 있어 실질적 정책제안을 목적으로 하고 있다. 실현 가능한 정책제안을 위해서 한국과 중국의 대외 지방경제협력 정책과 사례를 분석한다. 특히 중국의 대외 지방경제협력 정책을 해외기반, 국내기반, FTA기반 등 3가지 형태로 분류한다. 해외기반 사례는 중앙정부와 지방정부의 적극적 지원으로 진행된 형태이다. 관련 사례분석을 통해 한국의 새만금 한중 산업단지 건설에 함의를 제시할 수 있을 것으로 본다. 그리고 국내기반은 한국과 직접 관련이 있는 산동성의 한중일 지방경제협력 시범단지 정책을 분석하고, 인천 – 웨이하이 간 지방경제협력에 활용할 수 있는 제도와 정책을 도출한다. 한편, 본 연구가 한중 FTA 지방경제협력을 중심으로 이루어지므로 협력의 핵심지역인 중국 웨이하이와 한국 인천의 주요 지방경제협력에 관한 제도 및 정책에 대해서도 분석한다. 마지막으로 경제협력 이행가능성의 관점에서 한중 지방경제협력 정책으로 활용할 수 있는 성공사례를 분석하였다.

나. 연구의 방법

1) 문헌연구

본 연구는 한중 FTA에 근거한 한중지방경제협력에 대한 올바른 이해와 정책제안을 목적으로 하고 있다. 따라서 한중 특히 인천과 웨이하이 간 지방경제협력을 실시하는데 근거 법률이 되는 한중 FTA 협정문 제17장 경제협력 챕터를 1차 문헌자료로 활용한다.

중국은 한중 FTA 협정문 상에 지방경제협력 조문이 포함되기 전부터 지방경제발전 및 지방정부의 대외 경제협력에 대한 필요성을 인식하고 있었다. 이에 따라 중앙정부가 주도하는 지방경제협력의 정책을 바탕으로 각 지방정부도 대외 지방경제협력에 대한 단기, 중기, 장기 계획과 정책을 마련하고 있다. 따라서 본 연구에서는 중국 중앙정부의 지방정부 경제발전에 관한 정책성 문건과 산동성을 중심으로 대외 지방경제협력에 대한 지방성 정책 및 계획에 관한 주요 문건을 주요 문헌자료로 활용한다. 한중 FTA 지방경제협력의 시범도시인 인천과 웨이하이 간 시범사업 경제협력 사업에 대한 구체적 정책제안을 위해서 인천과 웨이하이 간 체결한 경제협력협의서도 주요 문헌자료로 활용한다. 반면, 한국은 90년 이후 지방자치제도가 활성화 되었지만, 지방정부의 대외교류 및 대외 경제협력에 대해서는 다소 소극적이다. 따라서 관련 문헌자료는 90년대 초반 지방자치제도의 실시로 지방정부의 대외 협력 사업에 관한 선행연구를 활용하였다.

2) 현지조사 연구

한중 FTA 지방경제협력의 핵심은 무역편리화 제도협력으로 정리할 수 있다. 인천과 웨이하이는 12분야에서 경제협력을 진행 및 논의 중에 있다. 경제협력의 핵심은 지방정부의 정책 결정이 어느 정도 가능한지 그리고 제도적 지원은 어느 정도 가능한지가 관건이다. 이론적으로 가능한 지원도 다양한 이유로 지원이 불가능한 경우도 있기 때문이다. 이러한 현실적인 문제점을 파악하고 정책 제안에 반영하기 위해 중국 산동성 주요 협력지역에 대한 현지조사를 진행했다. 현지조사의 주요내용과 일정은 다음 〈표 1.1〉을 참고한다.

표 1.1 2017년 산동성 현지조사 일정

지역	일시	방문기관 및 면담내용
칭다오	06.29 - 06.30	- 칭다오 aT 물류센터 - 칭다오 콜드체인 및 물류시스템 상황 인터뷰 및 자료수집 - KTR(한국화학융합시험연구원) 칭다오 사무소 - 중국 CIQ와 KTR 상호인증 상황 인터뷰
웨이하이	07.01	- 웨이하이 관세사 및 산동성 표준화연구원 관계자 면담 - 한중자유무역구연구기지 웨이하이시 표준화협회 주임 면담 - 웨이하이 물동량 현황 및 표준화 관련 인터뷰
	07.02	- 웨이하이 인천관 방문 및 관계자 면담 - 인천시 - 웨이하이 한중 FTA 시범도시 협력 현황 및 향후 발전 방향에 대한 인터뷰 - 웨이하이항 시찰
	07.03	- 웨이하이시 상무국 방문 및 관계자 면담 - 인천시 - 웨이하이시 경제협력 현황 인터뷰 - SINO TRANS 웨이하이 지점 관계가 인터뷰 - 웨이하이와 인천 물류 현황 인터뷰
옌타이	07.04	- 옌타이시 경제기술개발구 한국사무소 방문 및 관계자 인터뷰 - 옌타이시 경제기술개발구 현황 및 한국 진출기업 현항 인터뷰 - 옌타이 검역국 및 CIQ 관계자 면담 - 옌타이시 출입국 검역현황 현장조사 - 옌타이시 상무국 관계자 면담 - 옌타이시와 한국 간 교역 현황 인터뷰 및 자료 요청
	07.05	- 옌타이 한중산업단지 내 전자상거래산업단지 방문 및 관계자 면담 - 옌타이시 전자상거래산업단지 구축현황 및 한중문화창의산업원 내 한중 교류 현황 인터뷰
	07.06	자료수집 및 귀국

제2장
한중 지방경제협력 현황

1. 지방정부와 경제협력
2. 한국과 중국의 지방경제협력
3. 한중 FTA와 지방경제협력

1. 지방정부와 경제협력

가. 지방경제협력의 개념과 필요성

경제협력은 국가 또는 지역 간 노동, 자본, 서비스와 같은 생산요소의 자유로운 이동을 보장하여 자원을 효율적으로 배분하고 시장을 확대하여 상호 간 경제이익을 극대화하려는 경제정책을 말한다. 경제협력은 1990년대 유럽 국가들의 경제통합 이후 지역경제협력 형태로 확산되었다. 이는 무역 강대국의 보호무역주의 확산과 탈냉전 이후 경제문제의 정치화, 사회주의 국가들의 시장경제체제로의 전환 등 경제 및 정치적 배경에 기인한다. 최근 지역 간 경제협력을 통한 지역경제의 통합은 자유무역협정(FTA) 체결의 확산으로 더욱 활기를 띠고 있다.

지역경제협력의 목적은 협력 지역 간 노동, 자본, 서비스 등 생산요소의 자유로운 이동을 막는 장벽을 없애고 시장 확대를 통해 무역과 투자를 증진하는 것에 있다. 이론적으로 규모의 경제[2] 실현은 협력 대상 국가 및 지역의 부를 축적하고 효율성을 높여준다. 또한 경제대국에게는 자국의 대규모 생산 업체 및 산업에게 안정적인 시장접근 기회를 확보해 주고[3] 개발도상국에게는 기술이전 등을 통해 비교적 빠른 시간 내에 산업 향상에 도달하게 하는 장점이 있다.

경제협력은 넓은 의미에서 다자간 협력인 유럽연합이나 아세안(ASEAN)과 같이 여러 국가를 하나의 지역경제공동체를 형성하여 경제

---

2) 규모의 경제(Economy of Scale)는 경제학적 개념으로 각종 생산요소의 투입량을 증가시켜 이익이 증대되는 현상으로, 경제의 효율성을 달성한 상태라고 간단히 설명할 수 있다.
3) 최승환(2006), 「국제경제법」, 법영사, p. 896.

통합을 이루는 것을 목적으로 하고 있다. 한편 좁은 의미에서는 중국 산동성 한중일 지방경제협력이나 한중 FTA를 기반으로 하는 인천-웨이하이 같이 특정 지역 간 경제적 이익 공유를 목적으로 하는 경제협력도 포함된다. 뿐만 아니라 국적이 다른 기업 간 협력도 경제협력 범주에 속한다.

지역경제공동체 형태이건 지방경제협력 형태이건 경제협력 과정은 쉬운 일이 아니다. 국가, 지역, 기업을 포함한 협력대상 간에 존재하는 경제수준이나 시장개방, 제도 및 정책 등의 차이와 경제·정치·안보·사회·문화적 갈등은 경제적 이익만으로 극복하기 어려운 면이 있어 협력의 장애가 되곤 한다. 따라서 경제협력을 위해서는 이러한 차이를 극복하고 조정하는 과정이 반드시 필요하다. 소위 무역장벽이라고 일컫는 이러한 장벽은 지금까지 중앙정부 차원에서 WTO나 FTA 등 다자 및 양자 협상을 통해서 완화되어 왔다. 이를 통해서 대표적 무역 장벽이었던 관세 장벽이 상당 부분 철폐되었고, 상품 이동에 있어서 국가 간 국경의 의미가 많은 부분 희석되었다.

하지만 글로벌 경제 불황과 더불어 보호무역주의의 확산으로 비관세장벽이라 불리는 보이지 않는 무역장벽이 여전히 자원의 이동을 막고 있다. 비관세장벽은 넓은 의미에서 관세 이외에 무역을 제한하는 모든 종류의 조치를 포함한다. 비관세장벽은 국가 간 서로 다른 제도와 정책으로 인해 발생하는 어려움, 경제문제가 정치문제로 변질되어 발생하는 무역장벽 등이 대표적이다. 이러한 배경 하에 중앙정부 주도로 이루어지는 경제협력이 국가 간 이해대립으로 한계를 드러내면서 비관세장벽을 완화할 수 있는 새로운 경제협력 모델이 요구되고 있다. 따라서 중앙정부 보다 낮은 단계, 즉 지방정부와 같은 경제 주체들 간의 협력이 그 대안으로 등장하고 있다.

지방경제협력은 지방정부 간 생산요소의 보완성을 바탕으로 경제이익의 상호이해를 증진하려는 지방경제차원의 국제협력 방식이라 할 수 있다.[4] 이는 국가 간, 지역 간의 경계가 모호해지고 상호의존성이 높아지는 반면에 국가 보호무역이 성행하고 있는 국제화의 추세에 따라 성장위주의 경제발전의 한계를 극복하는 효율적 방안으로 대두되고 있다.[5] 다시 말해, 지방경제협력은 1) 국지적 지역경제통합의 주체로 지방정부의 역할이 변화하고 있다는 점, 2) 중앙정부보다 지방정부가 세계화에 유연하게 대응하고 세계적 기업의 특정지방 선호에서 상대적 강점을 가진다는 점, 3) 국제협력에 있어 경제적 관점이 강화되었다는 점에서 시대적 변화에 따른 요구라 할 수 있다.

지방경제협력은 경제적 이익의 상호향유라는 관점에서 FTA를 근거로 실시되는 경제협력과 크게 다르지 않다. 다만, 그 협력의 실행 주체가 지방정부가 된다는 큰 차이가 있다. 지방정부가 국제경제협력의 주체가 된다는 것은 한국, 중국 그리고 일본과 같이 전통적으로 중앙집권적 통치 구조를 바탕으로 정부 주도형 경제발전을 이룩한 나라에서는 매우 고무적인 일이다. 이들 국가의 지방정부는 중앙정부의 계획과 정책을 따르고 실천하는 수동적 존재로 인식되어왔기 때문이다. 따라서 지방정부가 국제무대에서 다른 국가의 지방정부를 대상으로 권한과

---

4) 지방경제협력에 대한 정의는 다양한 논문 및 연구보고서에서 언급한 바 있다. 이를 바탕으로 본 연구에서 언급하는 지방경제협력의 정의는 상기와 같이 정하도록 한다. 지방경제협력의 정의와 관련하여서는 박재욱, 류재현(2009), "한일 지방정부의 다자간 국제교류협력체 비교연구: '한일해협연안신도현지사교류회'와 '동아시아경제교류추진기구'를 중심으로", 「지방정부연구」 제13권 제2호, p. 158; 이정표(2003), 「지방정부의 국제교류정책분석」, 대구대학교 박사학위논문; 한국지방자치단체국제화재단(2001), 「지방자치단체 국제교류 메뉴얼」 등 참고.
5) 류재현(2012), 앞의 논문, p. 98.

자율성을 가지고 행위 주체로서 경제협력을 진행하는 것은 대외경제협력에 있어 지방정부의 역할과 권한이 확대되며, 그 중요성 또한 커지는 것을 의미한다.

지방경제협력에 관한 논의는 18, 19세기로 거슬러 올라가 고전주의 경제학에서의 절대우위론이나 비교우위론을 기반으로 한다. 또한 20세기 후반에 등장한 지역경제이론에 따른 지방통합(local integration)에서 그 논거를 찾을 수 있다. 지방통합은 국제간 공동이해관계를 가진 특정도시 또는 지역이 상호 개방하여 보완관계를 제고하는 지방경제차원에서의 국제 간 협력방식을 말한다.[6] 경제적 차원에서의 통합은 기능적 통합과 제도적 통합으로 나눌 수 있는데 기능적 통합과 제도적 통합은 서로 다른 개념이기보다는 상호보완적이다.[7] 통합의 단계와 정도에 따라 그 목적과 성격이 달라진다. 일반적으로 통합의 주체 간 상호이해를 바탕으로 이익 추구라는 공동의 목적에 따라 기능적 통합이 이루어진다. 이를 바탕으로 교류의 확대를 위한 기초단계의 제도적 통합, 나아가서 무역을 제한하는 조치를 철폐하는 통합의 단계로 발전하는 것이다. (〈그림 2.1〉 참고)

---

6) 류재현(2012), "한중일 지방정부의 다자간 국제교류협력체에 관한 유형론적 비교연구: 부산, 상하이, 후쿠오카를 중심으로", 「한국자치행정학보」 제26권 제2호, p. 99 각주 7, 재인용 Richardson, H. W.(1979), *Regional Economics*, Champaign: Illinois University Press.
7) 윤영득 외(1999), 앞의 논문, pp. 44-45.

그림 2.1 지방경제협력의 단계

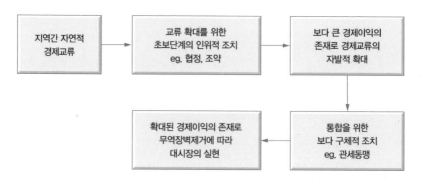

출처: 윤영득 외(1999), "국제지역 간 경제협력과 지방단위의 통상산업정책의 혁신방안 -부산대도시권을 중심으로", 「경제연구」 제8권 1호, p. 45 참고하여 저자 작성.

특히 일본, 한국, 중국으로 이어지는 동아시아 국가들의 경제발전 단계에서 일본을 시작으로 주변국으로의 경제교류 및 협력을 확대하는 특징들이 나타난다. 이는 이들 국가의 경제발전이 '산업입지정책'에 근거하고 있기 때문이다. 이는 경제성장 초기에 국가경제발전의 기초를 마련하기 위하여 제한된 국토이용의 효율을 높이기 위해 한정된 자원의 이용을 최적화 할 수 있는 지역을 집중적으로 육성하는 정책을 말한다. 산업입지정책에 따른 경제발전은 자원의 이용과 배분의 효율성으로 단기간에 국가경제발전의 기초를 마련할 수 있다는 장점이 있다. 반면, 입지 중심의 경제발전은 필연적으로 한 국가 내에서 지역 간 불균형을 야기하는 단점을 가지고 있다.

예를 들어, 일본의 경제발전은 산업입지 정책에 따른 지역불균등 발전의 전형을 보여준다.8) 1950년대 일본은 태평양 연안 지역을 중심으

---

8) 김장권(1995), "동아시아의 국가와 지방정부", 「한국정치학회보」 제28집 2호, p. 587.

로 중화학공업 중심의 거점개발 방식을 취했다. 그로 인해 인구의 과소 과밀현상, 지역 간 발전불균등, 소득불균형 등의 사회 문제를 야기했다. 이러한 발전의 불균형은 일본의 지방자치시대를 여는데 중요한 역할을 했다. 특히 일본 지방정부는 지역불균형 문제를 해소하기 위한 출구로 지방정부의 국제화를 위해 적극적으로 노력하여 주변 국가인 러시아, 중국, 한국 등의 지방 도시와 자매결연을 하는 등 교류를 확대했다. 중앙정부 차원의 특정 지역 중심의 경제발전과 그로 인한 지역불균형, 이에 대한 대안으로 등장한 지방자치와 지방정부의 국제화라는 일본의 경험은 한국 그리고 중국의 경제발전 단계에서도 반복되고 있다. 국가마다 조금씩 차이는 있지만, 핵심은 국가주도형 성장전략의 한계를 지방정부의 국제협력을 통해서 극복하고 이러한 측면에서 볼 때 지방정부의 국제 경제협력은 불가피한 대안으로 떠오르고 있다.

나. 지방경제협력의 연혁과 유형

지방경제협력의 주요 동기는 상호의존 특히 경제관계에 있어 상호의존성의 증대로 설명할 수 있다. 유럽이 지역 간 경제협력을 넘어 경제공동체를 형성한 것과 같이 동아시아 지역의 상호의존성 확대는 일본경제의 변화가 시작된 1980년대에 본격화 되었다. 일본은 80년대 후반 당시 신흥공업국이었던 한국, 대만 등 아시아의 최적지로 생산 및 부품조달, 기술개발 판매 등의 다양한 산하 기업을 진출시켰다.[9] 일본이 이른바 해외진출형 사업을 전개하면서 아시아 지역의

---

9) 일본은 1985년 플라자 합의 이후 급격한 엔고 정책으로 내수 주도형 경제로 전환되었다. 엔고 인한 국제경쟁력 감소는 일본의 생산기지가 생산요소의 비용이

경제발전에 변화를 가져오게 되고, 상호간의 경제의존성이 높아지는 계기가 되었다.

2000년대 들어서 아시아 지역 간 경제협력은 중국이 이끌었으나 개혁개방 이후 급격한 경제성장에 따른 여러 가지 국내 경제문제에 직면하게 되었고 이를 극복하기 위하여 2000년대 중반부터 일본이 실시했던 중국기업의 해외진출 정책(走出去)이 활발하게 이루어지기 시작했다. 중국의 해외진출 정책은 일방적으로 중국기업의 해외진출을 독려한 것이 아니었다. 중국기업이 진출하고자 하는 국가와 지방정부와의 철저한 협력을 기반으로 진행됐다. 중국의 지방경제협력은 양국 중앙정부의 경제협력 합의와 지원을 바탕으로 지방정부 대 기업, 지방정부 대 지방정부, 중앙정부 대 지방정부 등 다양한 형태로 전개됐다. 또 지방경제협력은 협력 상대국가의 특정 지역 또는 중국의 특정 지역에 관련 기업들이 밀집할 수 있는 산업단지를 만들고, 중앙과 지방의 적극적 지원정책을 제공하는 것이 핵심이다. 초기 국가 간 지방경제협력의 목적이 중앙정부 주도하에 산업이전이 주요 목적이었던 반면 최근에는 중국의 일대일로 전략과 FTA 전략 상 국가 간 지방경제협력은 조금 다른 양상을 보인다. 협력을 통한 산업의 이전보다는 기술의 이전을 통한 산업 구조의 향상이 핵심을 이루고 있다. 또한 협력의 일환에는 협력 지역 간 무역편리화를 위한 제도 및 정책의 시범 또는 시험 실시가 포함되어있다. 이는 단순 하드웨어 측면의 협력이 아니라 소프트웨어 측면의 협력으로 두 지역 간 개방과 통합의 정도가 매우 밀접해 지고 있다. 이러한 경제제도 간의 협력은 장기적 관점에서 특정 지역의 수준을 넘어 국가와 국가 간 경제통합에 있어서도 매우 유의미한 시도

낮은 아시아 지역으로 자연스럽게 옮겨가는 계기가 되었다.

라 할 수 있다.

지방정부의 대외 교류협력은 목적, 구성 및 운영에 따라 다양하게 이루어질 수 있다. 우선 목적의 측면에서 보면, 정치행정교류에서부터 지역개발 및 관광개발 등 양자 또는 다자간 지방정부 간 공통된 특수 목적을 달성하기 위하여 교류협력을 진행한다. 주체의 관점에서 보면, 정부 간(government to government), 기업 간(business to business), 개인 간(person to person)에 각각 교류와 협력이 이루어질 수 있으며, 이는 다시 그 주체의 수준에 따라서 국가 간(nation to nation), 지방 간(local to local), 도시 간(city to city) 교류협력으로 구분할 수 있다.10) 국제협력에 있어 지방정부의 지위가 높아지고 그 역할이 날로 증대되고 있어 지방정부 간 협력이 보다 실리적이고 상호보완적으로 이루어지는 추세이다. 더욱이 경제적 이익과 논리가 지배하는 현대사회에서 지방정부의 교류협력은 문화교류나 행정교류의 차원을 넘어서고 있다. 지방정부가 직접 외국의 기업이나 정부와 경제협력을 통해 지방산업·경제발전을 이룰 수 있는 형태의 경제교류협력이 증대되고 있는 추세이다.

---

10) 박재욱, 류재현, 앞의 논문, p. 159; 류재현, 앞의 논문, p. 101 재인용 長洲一二 (1984), 自治体の国際交流, 長洲一二.板本義和編, 自治体の国際交流, 東京: 学陽書房.

2. 한국과 중국의 지방경제협력

가. 한중 경제관계

1) 한중 교역현황과 경제관계의 변화

한국과 중국 간의 관계는 1992년 양국의 수교이후 중앙정부 차원에서 지속적 교류와 발전을 이어오고 있다. 1992년 덩샤오핑의 본격적 개방정책과 중국의 고도성장은 양국의 경제협력 관계를 더욱 공고히 하는 촉매제 역할을 했다. 특히 2001년 중국의 세계무역기구(WTO) 가입과 외환위기 이후 한국의 경기회복으로 한국의 대중 수출 비중이 급격히 증가하면서 2004년 중국은 한국의 최대 교역대상국이 되었다. 이로써 양국의 경제협력 관계는 불가분의 관계로 발전했다. 2014년을 기준으로 보면, 지난 15년간 양국의 연평균 교역량은 17.8% 성장률을 유지하고 있다. 중국은 한국의 제1위 수출대상국이자 수입대상국이 되었고, 한국은 중국의 제4위 수출대상국, 제1위 수입대상국이 되었다. 수교당시 양국의 교역규모는 64억 달러에 불과했지만 2005년에는 1천억 달러, 2015년에는 2천 273억 달러 규모에 달하여 비약적 발전을 이루었다.[11] 2017년 우리나라의 대중국 교역총액은 약 2천 400억 달러로 대중국 교역 의존도는 23.4% 정도로 여전히 높다. 2015년 우리나라 대중국 교역 의존도는 26%에서 2016년도에는 22.8%, 2017년도에는 23.4%로 하락하였지만 교역 의존도가 2위인 미국 보다 11%정도 의존도가 높다.[12] 이로써 한국과 중국은 명실상부한 주요 무역 파트너임을

---

11) 코트라 한중 교역 동향.
   〈http://news.kotra.or.kr/user/nationInfo/kotranews/14/userNationBasicView.
   do?nationIdx=53〉 (방문일자: 2018.01.02)

부인할 수 없게 되었다.

양국 경제교류의 발전 저변에는 협력이 지속될 수 있는 정부 간 공식 협력 채널이 있었기에 가능했다. 그중에서도 1999년부터 시작된 한중 경제장관회의는 현재까지도 양국 간 정례적 장관급 협의체로 자리 잡아가고 있다. 한중 경제장관회의는 한국의 기획재정부와 중국의 국가발전개혁위원회(NDRC)가 주재하며, 수교 이후 1993년 차관급 회의로 시작하다 1999년부터 장관급 회의로 승격됐다. 본 회의를 통해 양국은 정례적으로 양국의 주요 경제정책방향에 대해 소통하고 주요 경

그림 2.2 한국의 대중국 교역현황

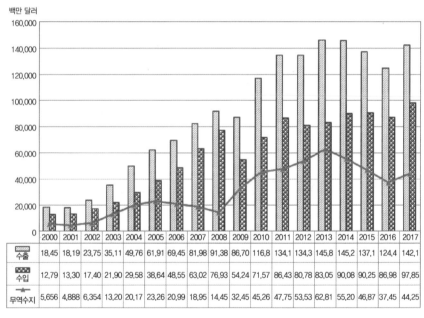

백만 달러	2000	2001	2002	2003	2004	2005	2006	2007	2008	2009	2010	2011	2012	2013	2014	2015	2016	2017
수출	18,45	18,19	23,75	35,11	49,76	61,91	69,45	81,98	91,38	86,70	116,8	134,1	134,3	145,8	145,2	137,1	124,4	142,1
수입	12,79	13,30	17,40	21,90	29,58	38,64	48,55	63,02	76,93	54,24	71,57	86,43	80,78	83,05	90,08	90,25	86,98	97,85
무역수지	5,656	4,888	6,354	13,20	20,17	23,26	20,99	18,95	14,45	32,45	45,26	47,75	53,53	62,81	55,20	46,87	37,45	44,25

자료: 무역협회 통계데이터 활용하여 저자 작성.

12) 무역협회 통계데이터 요약.

제현 안에 대해 협력방안을 논의하고 있다. 이와 더불어 2001년에는 양국 간 교역의 확대와 균형적 발전방안에 대한 논의와 협력을 도모하기 위하여 한중무역투자장관회담을 개최했다. 이에 따라 양국은 「한중투자협력위원회 설치를 위한 협정」에 서명하고 2003년부터 매년 위원회가 개최되고 있다.[13] 위원회는 장관급 회의로 한국의 산업자원통상부 장관과 중국의 경무부 부장이 위원장이 된다. 본 위원회는 양국의 투자확대 및 중국 서부대개발 참여, 그리고 재중 한국투자기업의 투자 애로 사항에 대한 해결방안 논의를 목적으로 개최되고 있다. 이처럼 중앙정부 차원의 경제협력 채널은 간혹 사드(THAAD · 고고도미사일방어체계)와 같은 정치 · 외교관계의 영향을 받기는 하지만 양국 간의 경제협력에 있어서 지속적 교류와 소통에 있어서 중요한 역할을 하고 있다.[14]

반면, 한중 양국의 지방정부 차원의 협력은 그다지 활발하게 이루어지지 않고 있다. 그나마 2009년부터 실시되고 있는 한 - 광동성(广东省) 경제무역발전포럼 정도가 중국 지방정부와 공식적으로 구축하고 있는 협력 메커니즘이라고 할 수 있다. 하지만 본 포럼은 개최 주체의 관점에서 보면 엄밀히 말해서 지방정부 차원의 협력 채널이라고 보기 어렵다. 한 - 광동성 경제무역발전포럼의 중국 측 대표는 광동성 성장(省长)이며, 한국 측 대표는 지방정부의 대표가 아닌 중앙정부 대표인 지식경제부(현 산업통상자원부) 장관이 맡고 있기 때문이다. 따라서 이 또한 중앙정부 차원의 장관급 협력이라 할 수 있다. 이처럼 한국과

---

13) 「한중투자협력위원회설치협정」 체결 보도자료 참고.
14) 2017년 한중경제장관회의가 당해 연 2월에 열리기로 예정되어 있었으나 사드 사태로 2017년에는 열리지 못했다. 중앙일보(2017.12.15), "중단됐던 한중 경제 장관회의도 내년 2월 다시 열린다".
〈http://news.joins.com/article/22209125〉 (방문일자: 2018.01.04)

중국 간의 경제협력은 주로 중앙정부 차원의 공식 협력 메커니즘을 발판으로 발전해 왔다는 것을 알 수 있다. 하지만 이러한 중앙정부의 경제협력은 중국의 경제사회 전반의 발전방향과 산업 구조개혁으로 인해 그 한계에 직면하곤 한다. 따라서 이러한 변화에 따라 양국 간 경제협력에도 패러다임의 변화가 필요하다.

중국은 개혁개방 이후 약 20여 년 동안 '세계의 공장'으로 불리며 제조업 중심의 산업구조를 유지해왔다. 하지만 2011년부터 시작된 12차 5개년 개혁 이후 빠른 속도로 경제구조가 서비스화 되고 있다. 중국의 GDP에서 2차 산업이 차지하는 비중은 1990년대 초 이래 45%를 상회하다가 2006년에 47.4%로 최고 수준에 도달하였고, 이후에도 2011년까지는 46% 수준을 유지하였다. 그러나 이 비중은 2012년부터 빠른 속도로 하락하며 2015년 정점대비 약 7%포인트 하락한 40.5%에 이르렀다. 반면, 3차 산업의 GDP 비중은 지속적으로 상승 추세를 유지하며 2012년 처음으로 2차 산업 비중을 상회하였고, 불과 3년이 지난 2015년 50.5%에 달하며 2차 산업의 비중을 10%포인트 상회했다.[15]

한국은 과거 중국경제의 고속성장과 수출주도 성장에 편승하여 20년 이상 부품 소재 중심의 대중국 수출의 증가 지속과 대규모 무역흑자를 누릴 수 있었다. 그러나 이제는 중국경제가 고속성장이 어려워지고 가공무역형 수출을 감소하는 새로운 단계에 들어섰다.[16] 이러한 중국의 경제변화로 글로벌 밸류체인에서 한국이 더 이상 중국과의 분업 관계를 유지하기 힘들어짐에 따라 한국과 중국은 산업 전반에서 경쟁

---

15) 이장규 외(2016), 「중국경제의 구조변화와 한국경제에 대한 시사점」, 대외경제정책연구원, pp. 36-37.
16) 이장규 외(2016), 위의 책, p. 64.

관계가 심화될 것으로 예상된다. 따라서 향후양국의 발전이 필요한 영역에서 경쟁보다 협력의 관계 구축이 요구된다.

2) 한중 지방정부 간 교역현황: 인천-웨이하이

2017년 인천시의 대중국 교역총액은 177억 달러로 교역의존도는 우리나라 전체 교역 의존도와 유사한 추세를 보이고 있지만 다소 차이가 있다. 우선, 교역 의존도는 2015년 22.2%에서 2016년 23.9.5%, 2017년도에는 22.6%로 유사한 추세를 보이고 있지만, 최근 인천시의 대중국 수출 의존도는 우리나라 대중국 수출의존도가 하락한 것과는 달리 점점 증가하고 있고, 심지어 적자에서 흑자로 전환하는 등 전국과 상이한 모습을 보이고 있다. 〈그림 2.3〉과 같이 2017년 말 기준 인천시의 대중국 수출액은 99억 3천만 달러, 수입액은 78억 달러로 약 21억 달러 정도의 무역수지 흑자를 기록하고 있다.

그림 2.3 인천의 대중국 교역현황

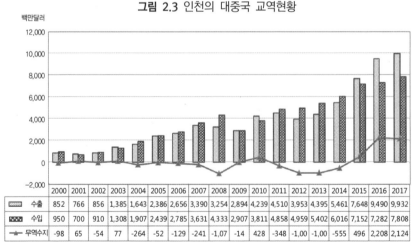

백만달러

	2000	2001	2002	2003	2004	2005	2006	2007	2008	2009	2010	2011	2012	2013	2014	2015	2016	2017
수출	852	766	856	1,385	1,643	2,386	2,656	3,390	3,254	2,894	4,239	4,510	3,953	4,395	5,461	7,648	9,490	9,932
수입	950	700	910	1,308	1,907	2,439	2,785	3,631	4,333	2,907	3,811	4,858	4,959	5,402	6,016	7,152	7,282	7,808
무역수지	-98	65	-54	77	-264	-52	-129	-241	-1,07	-14	428	-348	-1,00	-1,00	-555	496	2,208	2,124

자료: 무역협회 통계데이터 활용하여 저자 작성.

대중국 교역은 2014년 무역수지 적자였던 인천시가 2015년 이후 흑자로 전환하고 유지하는 데 많은 기여를 하고 있다고 볼 수 있다.

2016년 인천의 최대 수출품은 반도체로 2015년 대비 성장률이 78.6%, 2위는 자동차로 6.3% 성장률을 기록하고 있다. 반도체는 인천의 최대 수출품이지만 최근 주목받고 있는 품목은 화장품이다. 수출액 기준으로 10위이지만 성장률은 70.9%로 반도체 다음으로 높은 성장률을 보이고 있다. 2017년 상반기를 기준으로 한 성장률은 78%로 전국 평균 성장률인 12%를 훨씬 상회하고 있다.

그림 2.4 인천의 대중국 화장품 수출현황

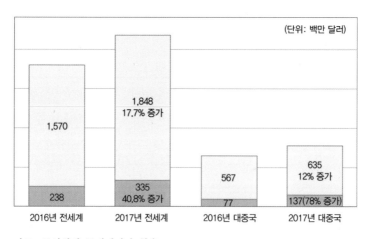

자료: 무역협회 통계데이터 활용.

반면 웨이하이에서 한국으로 수출입 되는 교역 품목은 인천에서 중국으로 수출입 되는 품목과 차이를 보이고 있다. 첫째, 교역 규모에서 한국이 차지하는 비중이 여전히 높고 2016년 수출입 규모는 미미하지만 성장을 했다는 점이다. 2016년을 기준으로 웨이하이에 한국과 교역을 하고 있는 기업은 2,156개로 이들 기업의 교역액은 약 383억 1,000만 위안에 달해 웨이하이 전체 수출입 규모의 약 32.2%를 차지하고 있으며 동기대비 0.6% 성장한 것으로 나타났다. 그 중 웨이하이에서 한국 발 수출은 240억 5천만 위안(元)으로 30.7% 차지하였고, 동기대비 약 0.6% 하락한 것으로 나타났다. 반면, 수입규모는 142억 6천만 위안으로 약 35.3%를 차지하여 동기대비 성장률이 2.6%정도 된 것으로 나타났다. 2016년 한중 교역규모가 하락한 것과 다소 상이한 특징을 보이고 있다. 둘째, 교역품이 전자제품 중심이며 최근 수산물 수출이 증가했다는 점이다. 웨이하이에서 한국으로 수출한 주요 수출품은 전자·기계, 의류, 수산물 등으로 전자·기계류 수출은 증가세를 보인 반면 의류, 신발류는 감소한 것으로 나타났다. 특히 눈에 띄는 것은 수산물 수출이 6.6% 증가하여 웨이하이가 한국과 가장 근접해 있는 지리적 이점을 활용한 교역 증가라고 볼 수 있다.

2016년 기준 전기와 전자제품류의 수입액은 83억 1천만 위안으로 동기대비 6.1% 증가하여 웨이하이에서 한국으로 수출하는 수출품 중 가장 많은 부분을 차지하고 있다. 품목별로 보면 전기·전자제품 수입은 44억 2천만 위안으로 동기대배 19.2% 하락한 반면 금속제품 12억 6,000만 위안으로 동기대비 13.2% 증가한 것으로 나타났다. 플라스틱 원료 수입은 12억 1천만 위안으로 동기대비 7.8% 성장하였고 특히 수입규모는 상대적으로 크지 않지만 자원류의 수입증가가 큰 것으로 나타나고 있다. 동(銅)과 동재료 수입이 7억 8천만 위안으로 동기대비 증가율이 약 186.8%였고 철강재 수입도 6억 3천만 위안으로 약 19.4% 증가했다.[17]

---

17) 이주영(2017), "한중FTA 시범도시를 기반으로 한 한중 지방도시 협력방안: 인천

표 2.1 웨이하이 소재 수출입 업체

구분		업체명
對한국 수출	주요 기업	- 삼성중공업(롱청)유한공사(叁星重工业（荣成）有限公司) - 웨이하이 세일전자유한공사(威海世一电子有限公司) - 삼성전자(산동)디지털프린터유한공사(叁星电子（山东）数 码打印机有限公司) - 웨이하이 위루오전기설비유한공사(威海裕罗电器装配有限 公司) - 원덩신야 전기기계설비유한공사(文登信亚机电有限公司) - 루산아시아 전기기계설비유한공사(乳山亚细亚机电有限公 司) - 웨이하이 신카이디 전기유한공사(威海新凯帝电子有限公司) - 롱청위루오 전기유한공사(荣成裕罗电器有限公司)
對한국 수입	주요 기업	- 삼성중공업(롱청)유한공사(叁星重工业（荣成）有限公司) - 웨이하이세일전자유한공사(威海世一电子有限公司) - 원덩신야 전기기계설비유한공사(文登信亚机电有限公司) - 웨이하이시 련치아오국제협력그룹(威海市联桥国际合作集 团有限公司) - 삼성전자(산동)디지털프린터유한공사(叁星电子山东数码打 印机有限公司) - 웨이하이 산창디지털과기유한공사(威海宣杨数码科技有限 公司) - 웨이하이 덴메이스광기전유한공사(威海电美世光机电有限 公司) - 웨이하이 진위엔전선유한공사(威海金元电线有限公司) - 웨이하이 란창수출입유한공사(威海蓝创进出口有限公司) - 웨이하이 신위엔전기설비유한공사(威海新元电器装配有限公 司)

자료: 웨이하이시 상무국 자료 활용하여 저자 작성.

- 웨이하이 사례를 중심으로", 「현대중국연구」 제19집 2호, pp. 380-384.

나. 한국 지방자치와 경제협력

한국의 지방경제협력은 1990년대 후반 지방자치, 국제화가 시작되면서 활성화되기 시작했다. 한국은 1995년 6월 전국 지방선거의 실시로 지방자치 시대에 본격 도립하게 되었다. 그간 중앙정부 주도형 경제발전으로 인해 지역 간 경제개발 격차가 심화되고 그에 따른 지역이기주의도 팽배해 있었다. 더욱이 중앙과 지방의 역할이 명확하지 않아 자원의 분배 또한 효과적으로 이루어지지 못했다. 이에 지방자치시대를 맞아 각 지방정부는 지역의 발전을 이끌 수 있는 대안 마련을 통해서 지역 간 경제발전 격차를 줄여야 하는 문제에 직면했다. 이때 주변 국가의 특정 지역과의 경제교류 및 협력을 통한 지역발전 모델이 하나의 대안으로 주목받기 시작했다.[18]

그럼에도 불구하고 그간 한국 지방정부가 경제협력을 중심으로 하는 지방정부간의 교류 체제는 그리 많지 않다. '한일해협연안시도현지사교류회의', '동아시아경제교류추진기구', '환동해권지사성장회의' 정도를 꼽을 수 있다. 이에 관한 핵심 내용은 〈표 2.2〉와 같다.

한국의 각 지방정부는 지방자치 시대가 열림에 따라서 독립적 지방경제발전을 위하여 주변 국가의 지방정부와 협력을 위한 협의체를 만드는 데까지는 성공을 거두었다. 비록 그 숫자는 적지만 중앙정부의 경제개발 계획에 따라 수동적으로 움직였던 지방정부가 주도적으로 외국의 지방정부와 경제협력을 시도했다는 것은 중요한 의의가 있다. 그럼에도 불구하고 초기에 진행되었던 국경을 초월한 지방정부 간 경제협력 시도는 '지방성'이라는 한계를 극복하지 못한 채 구체적이고 실질

---

18) 김장권(1995), 앞의 논문, p. 586.

표 2.2 한국의 다자간 지방경제협력 사례

년도	명칭	협력주체	내용
1992	한일해협연안시도현 지사교류회의 (The Korea-Japan Strait Coastal Region Governor's Meeting)	한일 양국 7개 광역 지방정부 (부산광역시, 전라남도, 경상남도, 제주도, 후쿠오카현, 나가사키현, 사가현)	- 목적: 한일해협을 사이에 둔 양국 지방자치단체 상호간 협력과 번영 도모 - 21세기 한일해협연안 청소년교류사업, 한일해협 수산관계교류회의, 한일해협연안 환경기술교류회의, 한일해협권연구기관협의회 운영, 한일 해협경제교류촉진사업 및 한일해협광역관광루트 개발
1992	동아시아경제교류추진기구 (The Organization for the East Asia Economic Development)	한중일 3국 10개 도시 (부산광역시, 인천광역시, 따롄시, 칭다오시, 키타큐슈시, 시모노세키시)	- 목적: 동아시아지역 한중일 주요도시간의 교류 협력 증진 도모 - 경제 및 환경문제를 다루는 협의체
1993	환동해권지사성장회의 (Development Conference for the Local Government's in the East Sea Rim)	한중일러몽 5개국 6개 광역지방정부 (강원도, 돗토리현, 길림성, 연해주, 중앙현(몽골))	- 목적: 지방정부간 우호와 협력증진 - 관광촉진협의회, 경제협의회 등 실무기구 발족, 공무원 및 민간 문화, 예술 단체 교류, 친선방문

출처: 박재욱, 류재현(2009), "한일 지방정부의 다자간 국제교류협력체 비교연구: 한일해협연안시도현지사교류회의와 동아시아경제교류추진기구를 중심으로", 「지방정부연구」 제13권 제2호; 강원개발연구원(1999), "환동해권 지방정부지사성장회의의 발전방안"을 참고하여 저자 정리.

적인 발전을 하지 못했다. 2000년대 들어서 중국의 개혁개방에 따른 경제성장과 해외투자정책(走出去)에 따라 중국과의 경제협력에 대한 중요성이 증대됐다. 특히 한국 지방정부는 중국과의 경제협력, 정확히 말하면 중국의 투자 유치를 통해서 국내 지방경제의 활성화 전략을 구상했다.

한중 경제협력의 대표적 사례는 2009년 개발이 승인된 무안 한중국제산업단지이다. 무안의 한중국제산업단지는 양국 수교 이래 최초의 한중 경제협력단지이다. 본 사업은 2007년 9월 중국 충칭시(重庆)가 상무원(商务院)에 '해외경제협력단지(境外经贸合作区)'로 무안의 한중국제산업단지를 신청하였고 이를 상무부가 승인했다.[19] 이어 2009년에 한국정부도 한중국제산업단지 개발을 승인하여[20] 무안은 한중 경제교류의 교두보 역할을 할 것은 물론 지역경제 활성화에 크게 기여할 것으로 기대했다. 하지만 기대했던 한중 경제협력단지 건설 사업은 진행되지 못했다. 한국의 지방정부가 감당하기에는 그 역량이 미치지 못했던 것으로 판단된다. 중국 측 정부의 적극적 태도와 투자의지가 있었음에도 불구하고 한국 측 투자비용 중 초기 사업비조차도 마련하지 못했다.[21] 또한 지방정부가 주도하는 사업임에도 불구하고 사업규모가 지방정부가 감당하기 힘들 정도로 커 지나치게 중앙정부의 지원에

---

19) 中国经济网综合(2015.11.26), "韩国韩中工业园".
   〈http://intl.ce.cn/zhuanti/2015/jwjm/yz/201511/26/t20151126_7142660.shtml〉
   (방문일자: 2018.01.08)
20) 2009년 5월 국토해양부는 「무안기업도시(한중단지)개발구역 지정 및 개발계획」을 승인했다.
21) 한국경제(2009.06.22), "무안 한중 국제산업단지 사업 '불투명'".
   〈http://news.hankyung.com/article/2009062274931?nv=o〉 (방문일자: 2018.01.08)

만 의존한 것이 실패의 원인이었던 것으로 판단된다. 한편, 2008년 중국 민간업체의 제안으로 시작된 평택 한중 복합산업단지인 한중테크밸리 건설계획도 실현되지 못했다.

지속적 좌절에도 불구하고 한중 지방정부 간 경제협력은 최근 한중 자유무역협정(FTA) 체결로 다시 활성화되고 있다. 과거의 사례와는 조금 다른 것은 과거의 실패 경험을 반면교사로 삼아 조금은 신중하게 접근하고 있다는 점이다. 한중 FTA 경제협력챕터에서 규정하고 있는 한중 산업단지/공업원 건설에 따라 한국에서는 새만금 지역이 단독 지정되었고 중국에서는 옌타이(烟台)시, 옌청(盐城)시, 후이조우(惠州)시가 각각 선정되었다. 또한 한중 지방경제협력 조항에 따라 인천시와 웨이하이시도 경제협력을 위한 논의 작업이 진행되고 있다. 한중 지방정부는 교류를 통해서 서로의 상호 이익을 충족시킬 수 있는 협력 분야를 찾고 있다. 또한 제도와 정책적 뒷받침을 통해서 경제협력 이행을 보장하기 위해서 노력하고 있다.

다. 중국 지방분권화와 경제협력

중국은 1978년 제11차 3중 전회에서 개혁개방 정책이 결정되었고, 재정분권화 개혁이 가장먼저 단행되었다.[22] 중국의 재정분권화는 문화대혁명을 거치면서 악화된 재정을 정상화하기 위한 선택이었지만, 이를 계기로 중앙으로 집중되었던 권력이 지방으로 분산되는 전환점이

---

22) 1980년 국무원은 《关于实行"划分收支、分级包干"财政体制的暂行规定》, 1988년 《关于地方实施财政包干办法的决定》, 그리고 1994년 세제 개혁 등 일련의 조정 기간을 통해서 중앙과 지방정부의 재정을 적절하게 분할했다.

되었다. 이와 더불어 중국은 1982년 대대적 「헌법」 개정을 통해서 지방정부에 대한 자치권을 부여했다. 중국 헌법은 지방정부의 입법, 행정, 사법권을 비롯하여 지역경제개발권 등을 5절과 6절에서 광범위하게 보장하고 있다. 이에 따라 중앙의 권리는 점차적으로 지방으로 확대되었다. 이후 각 급 지방정부는 그 지방의 경제발전에 있어서 막강한 영향력을 행사할 수 있게 되었다. 개혁개방 이후 90년대 초반까지 중국은 중앙과 지방 간 권력 균형의 조정기를 거쳤고, 1994년 방만하게 하방(下放)된 지방권력에 대한 중앙의 통제력 상실로 세제개혁이 단행되었다. 1994년 세제개혁의 주요 내용은 국세와 지방세의 분리를 골자로 하며 세수가 큰 세금이 국세로 편입되면서 지방정부의 재정은 세제개혁 전보다 더 악화되었다.[23] 하지만 한편으로는 지방 세수의 감소는 지방정부가 자율적 지역경제 성장 정책을 펼칠 수 있는 자양분이 되기도 했다.

중앙과 지방분권화를 기반으로 중국경제는 중앙과 지방정부가 주도하는 지역중심의 다양한 경제 발전모델을 만들어 왔다. 중앙정부가 주도하는 특정지역의 경제발전으로는 개혁개방 초기였던 70년대 말 80년대 후반 건설된 경제특구 및 각종 개발구가 대표적이다. 선전(深圳), 주하이(珠海), 산터우(汕头), 샤먼(厦门), 하이난(海南)에 건설된 경제특구의 목적은 국가의 개방정책에 따라 중국경제의 대외개방 창구로서의 역할이다. 이들 지역은 단순히 해안가에 있어 경제특구로 선정됐다

---

23) 세제개혁 전에는 '재정승포제(財政承包制)'를 실시함에 따라 징수액의 일정 정도를 중앙에 상납하고 나머지는 지역경제 성장을 위해 지방 재정으로 활용하였다. 당시 국세와 지방세의 비율은 70:30이었다. 세제개혁을 통해 그 비율이 45:47로 조정이 되었다. 조성호, 이홍규, 이용환(2012), "중국의 경제성장과 지방분권", 경기개발연구원, p. 13 참고.

기보다는 지정학적으로 시장경제체제를 실시하고 있는 홍콩, 마카오, 그리고 대만과 가까운 거리에 위치해 있었던 것이 더 크게 작용을 했다. 광동성(广东省)의 선전, 주하이, 산터우는 홍콩·마카오와의 전면적 경제협력을 통해서 중국의 개혁개방을 확대시켰다. 또한 푸젠성(福建省)의 샤먼은 대만과의 경제협력을 통해 양안(兩岸)의 경제발전을 촉진하고 대만의 자금과 선진기술이 중국 내륙으로 흘러들어 올 수 있는 역할을 했다. 이처럼 중국의 경제발전에 있어 차지역(sub-regional)[24] 경제협력은 중국정부의 정치경제적 이익을 실현하는 중요한 수단이라 할 수 있다.

중국의 중앙정부가 주도하는 경제협력은 국내 지역 간 경제협력에 머무르지 않고 인접 국가를 중심으로 주변국과의 경제협력도 활발하게 진행했다. 주변국가와의 경제협력은 협력국가 또는 중국 국내 특정지역에 경제협력단지를 건설하는 형태로 이루어졌다. 해외경제협력단지(境外经济贸易合作区)는 앞서 언급한 한국 무안에 건설하고자 하였으나 실패했던 한중국제산업단지와 유사한 형태로 중국 국내 기업의 해외진출을 위한 거점으로 활용됐다.

반면, 싱가포르와 중국의 각 지방정부와의 경제협력은 중국의 해외경제협력단지 건설과는 반대로 싱가포르 기업이 중국에 진출할 수 있는 발판 역할을 한다. 또한 중국 지방정부와 협력하여 협력도시의 개발 사업에 외국 정부가 직접 참여하는 형태이다.

이처럼 중앙정부가 국가의 발전 계획과 전략에 따라 집중적 지원을

---

24) 중국에서는 양자 또는 다자협정에 따른 경제협력과 같이 국가 간 이루어지는 협력이 아닌 국가단위보다 하위단위 간 경제협력을 차지역(次区域)경제협력이라고 한다. 张玉新、李天籽(2012), "跨境次区域经济合作中国演变地方政府行为分析", 《东北亚论坛》 第4期总第102期, p. 77.

통해 경제협력을 추진하는 지역이 있지만, 중앙정부의 관심이 비교적 후순위여서 중앙의 지원을 받지 못하는 지역이 훨씬 많다. 이들 지방 정부는 지역발전의 내재적 동기를 찾기 어려운 경우 주변국가의 지방 경제와의 협력으로 그 동기를 찾고자 노력하고 있다. 그 대표적 사례가 산동성이다. 산동성은 우리나라에서는 지정학적으로 매우 가깝지만, 중국의 입장에서는 동쪽으로 지나치게 치우쳐져 있는 변방으로 인식될 수 있다. 산동성은 2007년부터 한중일 자유무역지역에 대한 연구조사를 통하여 한국 및 일본과의 경제협력에 대한 사전조사를 실시했다. 이를 통해 산동성의 각 도시와 한국 및 일본의 각 도시의 협력가능성에 따라 동반자관계를 만들고 이들 지역 간 지방경제협력이 심화될 수 있도록 했다. 이때 중국 산동성 웨이하이시와 한국의 인천시는 협력동반자 도시로 연결됐다. 이 두 지역은 2015년 한중 FTA 지방경제협력 챕터 중 지방경제협력 조항에 다시 한 번 협력지역으로 명시되면서 지방경제협력을 위한 더욱 강력한 동기가 마련되었다.

중국의 개혁개방 이후, 지역 간 경제협력은 중국의 경제발전에 있어 매우 중요한 요소라 할 수 있다. 경제협력을 주도하는 기관이 중앙이든 지방이든 상관없이 협력이행의 주체는 모두 지방정부가 된다. 이미 일정 정도의 권한이 지방정부에 주어졌다고 하더라도 지방정부의 경제협력 정책이 성공적으로 이행될 수 있도록 중앙정부차원에서 적극적이고 과감한 권한을 지방정부에 부여하는 것이 중국 경제협력 정책의 주요한 특징으로 볼 수 있다. 이러한 이유로 중국의 지방정부와의 경제협력에 있어서 지방정부와의 긴밀한 관계를 유지하는 것은 기본이고, 상대국의 협력 지방정부가 어느 정도의 권한을 가지고 경제협력을 논의하느냐에 따라서 두 지역 간 협력의 범위와 정도는 매우 달라질 수 있을 것이다. 한편, 차지역경제협력은 향후 중국의 경제성장 전략에 있어 보다 중요성이 확대될 것으로 예상된다. 2013년 개최된 중국 공산당 제18기 3중 전회에서는 향후 중국의 '새로운 개방형 경제체제 구축'이라는 대외경제분야의 개혁목표를 설정하였다. 이를 실현하기 위한 핵심 정책에 양 다자간 지역 및 차지역 경제협력의 내용이 포함되어 있다.[25] 더욱이 지역 간 경제협력은 중국의 핵심국가사업인 일대일로(一帶一路)전략[26]의 이행에 있어서도 중요한 정책 체제가 될 것이다.

3. 한중 FTA와 지방경제협력

가. 한중 FTA 지방경제협력의 배경

지방경제협력 강화 추세에 따라 인천시의 대중국 도시 간 협력이 눈에 띄게 발전해 왔다. 인천시는 14개국 21개 도시와 자매결연도시를 체결하였고 그 중 3개 도시인 톈진(天津), 충칭(重慶), 선양(沈陽)은 중국에 소재한 도시로 단일 국가로는 중국과 가장 많은 체결을 하고 있다. 세 도시를 살펴보면 톈진시(天津)는 1993년 12월 자매결연을 체결한 이후 2015년 톈진 국유기업단이 인천 연수차 방문하였고 인민대

---

25) 중화인민공화국 중앙인민정부(2013.11.15), 《中共中央关于全面深化改革若干重大问题的决定》.
   〈http://www.gov.cn/jrzg/2013-11/15/content_2528179.htm〉(방문일자: 2018.01.10)
26) 2014년 중국 공산당은 《실크로드경제벨트와 21세기 해상실크로드 비전과 행동》을 발표했다. 실크로드 경제벨트는 육지를 기반으로 하는 일대(一帶)를 의미하며, 해상실크로드는 해상을 기반으로 하는 일로(一路)를 각각 의미한다. 따라서 일대일로는 실크로드경제벨트와 해상실크로드를 의미하며, 일대일로 전략은 일대일로 연선 국가와의 정책, 인프라, 무역, 금융, 민심 등 5가지 방면의 협력을 강화하기 위한 전략을 일컫는다.

표대회 상무위원회 방문, 인천 - 톈진 합동 유학설명회 개최, 위생계획 생육위원회 방인에 이어 2016년 톈진시 정협 항오태 교외사위원회 주임과 부시장 일행이 각각 인천을 방문하면서 교류를 지속하고 있다.

충칭시(重庆)의 경우 2002년 10월 17일 총칭시 체육방문단이 인천을 방문하여 문학경기장의 시설 및 건설 현황 시찰한 것을 시작으로 2005년 1월 19일 인천시 대표단이 충칭을 방문하여 우호교류 협의를 맺은 이후 7월 우호도시 체결 의향서를 체결한 후 8차례 교류 만에 2007년 6월 1일 총칭과 자매결연을 체결하였다. 선양시(沈陽)는 2014년 6월 12일 자매결연을 체결한 이후 2015년 10월 선양시 인민대표대회 상무위원회가 인천을 방문하였고 2016년 4월 선양시 외판부주임 방문에 이어 5월 부시장 일행이 인천을 방문하는 등 지속적인 인적 교류를 이어가고 있다. 또한 8개국 16개 도시와 우호결연도시를 체결하였는데 우호결연도시 역시 중국 도시 및 성(省)이 8개(하얼빈, 단둥, 다롄, 산둥성, 옌타이, 칭다오, 허난성, 광저우) 지역으로 우호결연도시 전체의 50%를 중국과 체결하고 있어 인천시의 국제교류를 추진하고 있는 지역 중 대중국 교류가 가장 높은 비중을 차지하고 있다.

중국은 한국과 접경하고 있고 특히 서해안에 접해 있는 지리적 입지로 인하여 인천시의 대중국 전략 사업이 강조 되어 교류를 지속해 왔다.[27] 더욱이 한국의 대중 무역 의존도를 미루어 볼 때 지방도시의 교류와 역할은 더욱 가치가 높아지고 있다.

---

27) 인천광역시 홈페이지. 〈http://www.incheon.go.kr/posts/1466/6822〉 (방문일자: 2018년 1월 30일)
인천시의 대중국 협력관계는 정부 인사의 상호방문, 교육 등의 인적교류, 도시 정책 교류(문학경기장 시찰) 등 인문교류의 성격이 강했으나 최근 경제협력이 증가하고 있다.

그림 2.5 인천-웨이하이 위치

출처: 바이두 지도를 활용하여 저자작성.

나. 한중 FTA 지방경제협력의 주요내용

1) 한중 FTA 경제협력 챕터의 주요내용

한중 FTA는 상품교역과 서비스교역을 활성화하여 양국 경제발전을 촉진시키기 위해 체결되었다. 총 22개 챕터로 구성되어 있는 한중 FTA 협정문은 상품무역과 서비스무역, 투자, 금융서비스, 전자상거래, 지식재산권 및 경제협력 등 다양한 분야에서 양국의 협력 내용을 포함하고 있는데 한국이 기 체결한 FTA와 한중 FTA의 가장 큰 차이점은 한중 간 경제협력 방안을 명시하고 있다는 데 있다. 한중 FTA 협정문 제17장 경제협력 챕터에 한중 지방경제협력 시범지역과 시범사업에 관한 내용을 포함하여 한중 FTA의 효율성을 극대화 할 것을 규정하고 지방 정부 간 협력구도를 강화하는 기반을 마련했다. 이는 한국이 체결한 FTA 경제협력 챕터 중 가장 상세하게 규정된 것으로 볼 수 있다.

한중 FTA 경제협력 챕터에서 경제협력의 목적(제17.1조), 방법 및 수단(제17.2조)을 규정하였고 개별 협력 분야를 세부 조항에 명세하고 있으며 한중 양국은 16개 분야인 식량안보, 수산, 산림, 철강, 중소기업, 정보통신기술, 섬유, 정부조달, 에너지·자원, 과학기술, 해양운송, 관광, 문화, 의약품·의료기기·화장품, 지방협력, 산업단지 등 대하여 다양한 협력활동 및 양 국가 간 경제협력위원회 설치에 합의하여 양국 간 분야별 협력을 강화하기로 한 바 있다. 한중 FTA 체결은 ①양국 간 무역의 확대 및 다양한 촉진 ②무역장벽의 제거 및 상품·서비스 교역 촉진 ③당사국 시장 내 공정 경쟁의 증진 ④새로운 고용 기회의 창출 ⑤양자, 지역, 다자 협력을 심화하기 위한 틀을 형성하여 본 협정의 이익을 확대·증진시키는 것을 주요 목적으로 하고 있다. 상품에 대한 내국민대우 및 시장접근에 대하여 품목별 관세철폐에 관한 규정 이외에도 비관세장벽에 대한 상시 협의를 위한 비관세 작업반 설치와 식품·화장품 분야의 시험검사기관 상호인정을 위한 협의 조항 등 비관세조치 해결을 위한 규정을 도입하고 있다.[28]

본 장에서 살펴볼 한중 FTA 지방경제협력은 한중 FTA 경제협력챕터와 경제협력챕터 제17.25조 지방협력의 내용을 기본으로 하고 있으며 지방 도시 간 체결한 협정문 내용은 다음 절에서 구체적으로 살펴보기로 하겠다.

---

28) 한중 FTA 홈페이지 한중 FTA 상세설명자료, p. 116.
　〈http://www.fta.go.kr/cn/doc/2/〉(방문일자: 2018.01.27)

표 2.3 한중 FTA 경제협력(제17장) 챕터의 주요 내용

항목	주요내용
식량안보 (제17.5조)	- 식량안보를 위한 농식품 분야의 투자 및 교역 촉진, 국제사회에서의 협력 기회 모색 등 협력 강화
수산협력 (제17.6조)	- 어업 및 양식 분야의 발전을 위해, 양국은 연구개발, 정보교환, 인력교류, 파트너십 구축 등을 통해 협력 - 지속가능하고 책임 있는 어업을 통한 건전한 수산물 교역 활성화 및 이행방안 지속 모색을 도모
산림협력 (제17.7조)	- 산림자원의 관리, 개발 및 이용에 대한 제반 협력 사항을 규정 - 양국은 임산물의 가공, 공급 및 교역, 임업생태 기술개발 및 산림 생태계 보존, 조림 및 목재가공업의 발전 등에 대한 협력
철강협력 (제17.8조)	- 양국은 각국의 주요 철강수출국으로서의 지위를 인정하며, 동 분야에서의 협력 강화 - 구체적 협력 분야는 ▲각국의 국내규제·보조정책·국내 철강시장 관련 정보 교환, ▲공정한 경쟁 환경 촉진 등을 포함
중소기업협력 (제17.9조)	- 양국은 중소기업 발전을 위한 유리한 환경 조성을 위해 협력 강화 - 구체적으로, ▲중소기업 발전에 우호적 환경조성, ▲기존 협력채널 (양국 중기청간) 포함, 중소기업 관련 민관협력 강화, ▲민관협력을 통한 중소기업(영세기업 포함) 경쟁력 제고 및 관련 정보교환, ▲중소기업 교육훈련 증진, 경험공유, ▲경제협력위원회 설치를 통한 중소기업 논의의 정례화 등이 규정
정보통신기술 협력 (제17.10조)	- 급속도로 발전하는 정보통신기술의 혜택을 향유하기 위해, 디지털 콘텐츠의 개발 및 상용화, 국제 시장에서의 영업기회, 정보기술 서비스의 연구·개발 등 분야에서 대화와 협력을 제고하는 등 양국간 정보통신기술 및 관련 서비스 발전을 증진하는데 협력 - 구체적으로, ▲소프트웨어 산업의 과학·기술 협력, ▲정보기술단지의 연구·개발·관리, ▲정보기술서비스의 연구·개발 ▲네트워크 및 통신의 연구·개발·배치, ▲ITS(Intelligent Transport Systems), Automobile Electronics, Mobile Intelligent Terminals, Flat panel display 주요 장치 등의 분야에서의 협력 포함

섬유협력 (제17.11조)	- 양국은 섬유산업 체인에서의 상호 호혜적인 파트너십 촉진을 위해 협력 강화 - 구체적으로, ▲산업직물·기능성 섬유직물 등 개발 및 응용, ▲의류·패션디자인, 브랜드마케팅·홍보 분야에서의 협력, ▲기술·정보·기술자 등 교환 등의 분야에서의 폭넓은 협력 포함
에너지 및 자원 협력 (제17.18조)	- 에너지 및 자원 분야에서 강력하고 안정적이며 상호 호혜적인 파트너십을 조성하기 위한 수단으로서 양국간 협력 활동 증진을 규정 - 양국은 구체적으로, ▲민관분야에서의 협력 증진, ▲사업기회 (플랜트건설 관련 투자 포함) 증진 및 지원, ▲에너지 절약 및 자원의 포괄적 이용에 대한 정책 대화 증진, ▲전문가의 방문 및 교류 촉진, 공동 포럼 등 증진을 규정
과학 기술 협력 (제17.19조)	- 경제발전에 미치는 과학 기술의 중요성을 감안하여, 양국은 과학 기술 분야에서의 협력 활동을 개발하고 증진함. - 양국은 구체적으로, ▲공동연구·개발, ▲전문가 등 교류, ▲과학기술 관련 회의 공동 주최, ▲관행, 법, 규정 등 정보교환, ▲공동 과학기술 결과로 발생한 제품, 서비스의 상업화 협력 등
해상 운송 협력 (제17.20조)	- 해상 운송 및 물류서비스 정보교환, 항만운영·관리 등에 대한 협력을 강화함으로써, 양국의 해운 교류를 활성화하고, 해운물류기업의 중국 시장 진출을 촉진할 수 있는 토대 마련
관광 협력 (제17.21조 및 제17.22조)	- 양국은 관광 당국 간 협력 강화, 관광 관련 정보교환, 양국 간 항공 연계성 강화 등을 위해 협력 - 특히 중국인 해외 관광(outbound tourism) 관련, 중국은 한국 관광 회사의 중국인 해외 관광 영업 신청을 장려하며, 동 신청 시 한국 기업에 우선권 부여를 긍정적으로 검토하기로 하고, 이를 위해 양국이 협의 채널을 설치하여 지속 논의키로 합의
문화 협력 (제17.23조)	- 양국은 문화 교류를 증진하기 위한 협력 활동 규정 - 특히 중국이 시장개방에 소극적 분야인, 방송 및 시청각 서비스 분야에서의 협력 증진에 합의하여, 향후 중국과의 동 분야에 대한 논의의 토대를 마련한 바, 동 분야에 대한 긍정적 효과 기대

의약품 · 의료기기 · 화장품 협력 (제17.24조)	- 양국은 바이오산업의 발전과 고령화시대를 맞이한 의약품, 의료기기, 화장품 등 보건산업에 대한 중요성을 인식하고, 미래의 새로운 성장 동력으로서 동 산업을 육성하기 위해 양국간 협력을 규정 - 구체적으로, ▲ 정책, 회의 · 세미나 · 워크샵 등 관련 정보 교환, ▲연구원 등 교환, 공동연구, 제품업그레이드, 투자기회 증진 등과 관련된 민간 부분에서의 협력
지방경제 협력 (제17.25조)	- 양국은 한중 FTA의 이익을 지방까지 확대하기 위하여, 중국 웨이하이시, 인천자유경제구역을 협력시범지구로 설정, 시범협력 프로젝트는 무역, 투자, 서비스, 산업협력 등 분야에서의 협력을 포함 - 양국은 동 시범협력프로젝트의 결과를 검토한 이후에 동 프로젝트를 전국적으로 확대할 계획
한중 산업단지/ 공업원 (제17.26조)	- 양국은 각국에 의해 지정된 산업단지에서 설립, 운영, 개발 관련 협력을 강화하고, 특히, 지식공유, 정보교환, 투자활성화 등 분야에서 협력키로 함. - 동 조항은 이후 한국의 새만금과 중국 장쑤(江蘇)성 옌청(盐城), 산둥(山东)성 옌타이(烟台), 광둥(广东)성 후이저우(惠州)에 한중 산업단지 조성하기로 합의하였으며 2017년 12월 15일 중국 국무원은 세 지역에 한중산업단지 설립을 공식화 함
정부조달 분야 (제17.13조~ 제17.17조)	- 양국은 정부조달 분야를 독립챕터가 아닌, 경제협력챕터의 일부 분야로 포함하여, ▲ 목적(제17.13조), ▲ 투명성(제17.14조), ▲ 정보교환(제17.15조), ▲ 접촉선(제17.16조), ▲ 추후 협상(제17.17조)을 포함한 정부조달 내용을 포함하고, 양국 간 정부조달 분야에서의 협력 강화

출처: 한중 FTA 상세 설명자료를 토대로 저자 작성.

2) 한중 FTA 지방경제협력의 주요내용

한중 FTA 협정문 경제협력 챕터 제17.25조 지방경제협력 조항에 근거하여 2015년 7월 22일 대한민국 인천광역시청과 중화인민공화국 웨이하이시인민정부(이하 양 지역)는 지방경제협력 강화 합의서(이하 합의서)를 체결하였다. 인천시와 웨이하이시 정부는 한중 FTA 협정문에 근거하여 무역, 투자, 서비스, 산업협력 등을 포함하여 더 다양한 분야에서 협력할 것을 찾고 협력해 나감으로써 양 지역의 경제 발전 촉진을 목적으로 체결되었다. 전체 제8장 제36조로 구성된 합의서는 양 지역의 산업 특성에 기반하여 협력 가능한 분야를 구성하고 있다.

합의서가 한중 FTA 협정문에 기반하고 있기는 하지만 약간의 차이를 보이고 있다. 그 특징을 보면 첫째, 양 지역의 경쟁력이 있는 부분을 극대화 할 수 있도록 구성되어 있다는 점이다. 인천과 웨이하이는 지리적으로 가장 근접해 있어 무역을 통한 상품 운송이 용이한 지역이다. 이러한 지리적 입지의 영향으로 국제전자상거래를 통한 교역도 꾸준히 증가하고 있어 합의서 제2장 무역·전자상거래 챕터를 삽입하였다. 이는 한중 FTA 협정문 제17장 세부 조항에 포함되어 있는 협력분야가 아닌 한중 FTA 협정문에 독립 챕터로 포함되어 있는 제13장 전자상거래를 합의서에 포함시킴으로써 양 지역의 경쟁력 있는 분야의 협력을 강화하려는 의도로 해석된다. 운송부분 역시 제4.15조 특송화물 부분에서 "각 당사국은 적절한 통관 통제 및 선별을 유지하면서 특송화물을 위한 별도의 신속한 통관 절차를 채택하거나 유지한다"라고 규정되어 있는데 합의서 제2.7조 상품운송방식을 추가함으로써 운송부분에서의 협력이 추진 될 수 있는 기반이 마련되어 있다. 이는 본 보고서 제4장에서 언급하고 있는 바와 같이 웨이하이의 해상 EMS 시범운행을 실시함으로써 발전되고 있다.

둘째, 한중 FTA 후속협상으로 진행 될 서비스분야의 협력이 추진되고 있다는 점이다. 한중 FTA 투자·서비스분야의 후속협상을 향후 2년 내에 개시한다고 한 반면 합의서에는 관광·문화·체육 분야의 협력 조항을 포함하고 있어 이 분야의 협력이 기대되고 있다. 특히 체육협력은 한중 FTA 경제협력 조항에 구체적으로 언급되어 있지 않은 부분으로 스포츠 협력을 통한 양 지역 간 협력이 예상되는 부분이다. 또

표 2.4 인천-웨이하이 분야별 협력사업

구분	협력사업
무역	박람회 참가 및 상품전시관 개설, 상품운송방식 발전
전자상거래	물품 세금 감면 확대, 전자세관 구축, 통관시간 단축, 임항물류시설 확충, 지불 편리화
투자	투자설명회 참가 지원, 투자편리화, 투자보호
산업	한중 산업단지 조성, 항만·항공 산업 활성화
금융	국제금융업무 협력 지원
과학기술	기술협력 및 공동연구개발, 기업발전 지원, 기술협력 프로젝트 참여 및 과학기술 공동연구
관광	관광협력, 의료관광 상품 개발
문화	문화축제 참여 및 문화교류체계 구축
체육	양 지역의 체육 분야 교류협력
의료	의료세미나, 한중 합자 의료성형기구 설립과 의료설미, 의약품 수출입, 의료기기 품질 상호인증
위생	위생, 미용 분야의 협력, 미용 박람회 개최지원
통관·시험 검역	해상간이통관시스템 구축, 해상운송시스템, 상호인정, 검역 간소화

한 인천의 육성산업 중 하나인 바이오 산업은 양 지역의 의료관광 분야의 협력 기회를 제공할 것으로 보인다.

셋째, 한중 양국의 통관 과정에서의 문제점이 합의서에 반영되어 있다는 점이다. 인천과 웨이하이 양 지역의 교역량 증가에 따른 통관 마찰은 한중 양국의 통관 마찰이 그대로 적용되고 있다. 이러한 문제를 해결하기 위해 합의서 제7장에 통관·시험검역 항목을 포함시켰다. 이 항목 역시 한중 FTA 경제협력 챕터의 협력항목이 아닌 한중 FTA 협의서 제6.6조, 제6.8조, 제6.10조, 제6.12조에 포함되어 있는 상호인정 문제를 시행할 수 있는 적합성 평가절차에 관한 규정을 합의서에 포함시키고 있어 향후 통관 마찰이 해소될 수 있는 제도가 마련될 것으로 기대하고 있다.

표 2.5 한중 FTA 협정문 제6.6조 적합성 평가절차

주요 내용	
적합성 평가절차 결과의 수용	1. 양 당사국은 다른 쪽 당사국의 영역에서 수행된 적합성 평가절차 결과의 수용을 촉진하기 위한 광범위한 메커니즘이 존재함을 인정한다. 다음은 그 예시이다. 가. 한쪽 당사국은 특정 기술규정에 대하여 다른 쪽 당사국의 영역에 소재하는 기관이 수행하는 적합성 평가절차의 결과를 수용하기로 다른 쪽 당사국과 합의할 수 있다. 나. 한쪽 당사국은 다른 쪽 당사국의 영역에 소재하는 적합성 평가기관에 자격을 부여하는 인정 절차를 채택할 수 있다. 다. 한쪽 당사국은 다른 쪽 당사국의 영역에 소재하는 적합성 평가기관을 지정할 수 있다. 라. 한쪽 당사국은 다른 쪽 당사국의 영역에서 수행된 적합성 평가절차의 결과를 인정할 수 있다. 마. 각 당사국의 영역에 소재하는 적합성 평가기관은 상대방의 평가절차의 결과를 수용하는 자발적 약정을 체결할 수 있다. 바. 수입 당사국은 공급자의 적합성 선언을 신뢰할 수 있다.
양국의 적합성 평가기관의 협력	2. 양 당사국은 제1항의 접근방식과 그 밖의 적절한 접근방식의 개발 및 적용에 있어서 자국의 경험에 대한 정보를 교환하고, 그리하여 양 당사국 간에 적합성 평가결과 수용을 촉진시키기 위하여 양국의 적합성 평가기관이 긴밀하게 협력하도록 장려한다.
동종 상품의 접근 허용	3. 각 당사국은 적합성 평가절차가 자국을 원산지로 하는 동종 상품의 공급자에게 부여되는 것보다 불리하지 아니한 조건으로, 다른 쪽 당사국의 영역을 원산지로 하는 동종 상품의 접근을 허용하기 위해서 준비, 채택 및 적용되도록 보장한다.
상호 인정 협정	4. 양 당사국은 각국의 적합성 평가절차 결과의 상호 인정을 위한 협정 교섭에 대한 다른 쪽 당사국의 요청을 긍정적으로 고려한다.
처리기간과 비용 제한 협력	5. 양 당사국은 적합성 평가절차에 필요한 범위로 처리기간과 비용을 제한하기 위하여 협력한다.

제 3 장

중국의 대외 지방경제협력 정책

1. 해외기반 지방경제협력 정책

2. 국내기반 지방경제협력 정책

3. 한중 FTA기반 지방경제협력 정책

1. 해외기반 지방경제협력 정책

가. 대외경제협력 정책의 연혁

중국의 해외경제협력은 대외개방 전략에 따라 3단계를 거쳐 발전 해 오고 있다. 첫 번째는 중국기업의 해외진출에 대한 정책구상을 하는 단계이다. 중국은 개혁개방 이후 지속적인 고도성장으로 인해 국내외 적 갈등의 양상을 보이자 새로운 경제정책이 요구되었다. 국내적으로 경제성장 및 외국인 직접투자의 급격한 증가로 내수 시장의 공급 과잉 과 기업 간 경쟁이 날로 심화되었고 대외적으로는 NAFTA, EU 등 지 역 경제 통합을 통한 지역주의 확대로 무역장벽의 우회출구가 필요했 기 때문이다. 이러한 국내외적 압박을 해결하기 위하여 중국기업의 해 외진출(走出去) 정책에 대한 필요성이 제기되기 시작했고, 2000년대 초반부터 중국기업의 해외진출을 위한 투자편리화에 대한 구체적 정책 들이 마련되기 시작했다.[29] 이를 통해 경쟁력 있는 중국기업들이 해외 에 투자할 수 있는 유리한 조건이 마련되었다.

2단계는 중국기업이 본격적으로 해외진출하는 단계이면서, 이들 기 업의 성공적 해외진출을 위해서 중국정부가 해외경제협력구를 적극적 으로 건설하여 어느 정도의 성과를 얻는 단계이다. 2006년부터 상무부 는《해외중국경제무역협력구의 기본요구와 신청절차(境外中国经济贸

---

29)《국가별 해외직접투자 산업지도목록》,《역외투자기업 설립 비준사항에 관한 규 정》,《역외투자 항목 비준 잠정방법》,《국가가 장려하는 해외투자 중점항목에 대한 신용대출 지원정책에 관한 통지》,《역외투자 외환관리개혁 시험확대에 관 한 통지》 등이 있다. 중국 상무부 홈페이지, "对外投资便利化有关正测解释". 〈http://www.mofcom.gov.cn/article/zhengcejd/bq/200510/20051000644106 .shtml〉(방문일자: 2018.01.11)

易合作区的基本要求和申办程序)》를 발표하고 본격적으로 해외 경제 협력구 건설에 나섰다. 2단계 기간 동안 해외 경제협력구는 총 57개로 증가했으며, 그중 상무부로부터 국가급 해외경제협력구로 승인을 받은 지역은 9개로 증가하였다.[30] 해외경제협력단지는 상무부가 정치적으로 안정되어 있고, 중국과의 관계가 양호한 국가의 정부와 협상을 통해서 협력구 건설을 결정한다. 상무부의 심사비준(審批)을 거친 기업이 협력구 건설경영의 주체가 되고 심사비준을 받은 기업은 협력국 정부와 해외 경제협력구 건설에 대한 계약을 체결한다. 그 다음 그 기업은 협력지역 활성화를 위해 관련 이주 기업을 모집하여 하나의 산업단지를 만든다.

중국의 3단계 해외 경제협력구 건설 정책은 일대일로 전략과 결합하여 1, 2단계에서 나타나던 중국기업의 단순한 해외진출을 위한 경제협력구 건설의 차원을 넘어서고 있다. 일대일로 건설의 주요 전략 중 하나가 일대일로 연선 국가들과의 협력단지를 건설하여 경제무역협력을 강화할 수 있는 플랫폼을 만드는 것이다. 따라서 일대일로 전략에 따라 변경 경제협력구, 국경간 경제협력구, 해외경제협력구 건설이 활발히 이루어지고 있다. 2016년에는 1년 동안 11개 해외 경제협력구를 승인했다.[31] 향후 중국은 23개국 77개 해외 경제협력구를 추가로 설치할 계획이다. 그 중 35개는 '일대(一帶)' 연선국가인 카자흐스탄, 우즈베키스탄, 러시아, 베라루스, 헝가리, 루마니아, 세르비아 등에 설치할 계획이며, 42개는 '일로(一路)' 연선국가인 동남아, 남아시아, 아프리카 등에 설치할 계획이다.[32] 2015년 말, 중국 국무원은 《변경중요지역개발

---

30) 朱妮娜, 范丹(2017), "中国外经贸合作区研究", 《北京经贸》第11期, p. 12.
31) 朱妮娜, 范丹, 위의 논문, p. 13.

의 정책조치에 대한 국무원 의견(国务院关于支持沿边重点地区开发开放若干政策措施的意见)》(国发【2015】72号, 이하 의견)을 발표했다. 본 의견에서 중점 개발개방시험구, 변경 국가급 항구, 변경도시, 변경경제협력구 및 국경 간 경제협력구 등 변경의 중점지역은 중국이 주변국가 및 지역과 협력할 수 있는 중요한 플랫폼임을 천명하면서 이들 지역의 발전을 적극적으로 지원한다고 밝혔다. 특히 무역, 투자, 자연인의 이동, 유통 분야에 있어서 편리화를 추진을 계획하고 있다.

이처럼 3단계에 진입한 각종 형태의 경제협력구는 중국 제도개혁을 위한 시험의 장이 되고 있다. 그간 중국은 상하이 자유무역시험구와 같이 국내에 제도개혁을 위한 시험지역을 만들고 운영하면서 이러한 제도적 시험구에 대한 경험이 축적되어 있다. 이를 바탕으로 경제협력구는 국가 간 또는 지역 간 무역편리화 실현을 위한 새로운 제도시험의 장으로써 활용될 수 있을 것이다.

나. 해외경제협력의 주요내용

1) 해외 경제협력의 형태

해외경제협력은 협력국가 및 주체 기업의 특징에 따라서 여러 가지 형태로 존재한다. 예를 들면, 해외공업원(境外工业园), 해외수출가공구(境外出口加工区), 해외과학기술원(境外科技园), 해외자유무역구(境外自由贸易区) 등이 있다.

---

32) 国务院新闻办公室网站(2014.12.31), "中国境外经贸合作区已达118个"一带一路"沿线77个".
〈http://www.scio.gov.cn/ztk/dtzt/2014/32252/2013nzygz32264/32304/Document/1391150/1391150.htm〉(방문일자: 2018.01.11)

표 3.1 중국 해외경제협력구 종류와 특징

형태	주요내용
해외공업원 (境外工業園)	- 중국정부, 협력국 정부 또는 협력국에 주재해 있는 외자기업이 건설 주체 - 국내 산업의 해외로 이동, 국내중소기업이 글로벌 시장으로 나아갈 수 있는 기회제공 - 공업원을 이용하여 협력국 시장의 무역장벽을 우회
해외수출가공구 (境外出口加工區)	- 협력국 정부가 항구, 공항 등 교통이 편리한 지역의 한 부분을 협력국의 세관관리 특수지역으로 지정한 것 - 지역 내 특수 가공무역관리 정책실시 - 중국 자본 및 기업의 진입을 유인하여 국제경쟁력을 갖춘 수출가공지역으로 발전시키는 것이 목적
해외과학기술원 (境外科技園)	- 중국정부 또는 기업이 협력국에 건설한 것으로 과학기술 연구를 목적으로 하는 동시에 다른 부가가치서비스, 양호한 장소 및 설비제공 - 선진국의 기술수출 통제를 회피할 수 있을 뿐만 아니라 선진국의 최신기술에 접근 및 활용할 수 있어 새로운 제품개발 주기를 앞당겨 국내 산업 향상 가속화 추진 - 개발도상국의 과학기술 인재를 충분히 활용하여 중국기업이 협력국 시장 현지화를 추진하는데 용이
해외자유무역구 (境外自由貿易區)	- 중국의 주변국 및 국경 지역을 개발하여 만든 자유무역구를 말함 - 이 지역은 비세관감시감독구, 관세면제 및 관련 허가증 면제, 화물보관기간동안 제한을 받지 않음 - 수출입무역, 중계무역 및 창고의 기능을 하는 동시에 간단한 가공 및 제조의 기능도 겸비 - 해외관세, 화물보관 등 우대정책을 충분히 활용할 수 있으며, 해외 직접투자의 방식으로 화물을 유통하여 대외무역규모를 확장할 수 있음 - 또한 자유무역구는 시범적 의의가 있어 성공할 경우 양국(지역) 전역에 자유무역구 설치가 가능(예, 중국-아세안 자유무역구)

출처: 中国国际电子商务网(2008.09.04), "境外产业园：中国IT产业"走出去"的新模式"을 참고하여 저자 작성. 〈http://trade.ec.com.cn/article/tradehwtz/200809/741905_1.html〉
(방문일자: 2018.01.11)

2) 해외경제협력구의 운영모델

첫째, 중국기업주도형. 중국기업이 건설하는 해외 경제협력구는 다시 단일 기업이 주관하는 경우와 중국의 여러 기업이 함께 건설하는 경우, 그리고 중국기업과 협력국 기업이 함께 건설하는 경우로 나눌 수 있다. 기업주도형은 협력국의 자원과 정책적 우대혜택을 최대한 활용하여 그 기업의 해외진출 전략을 달성하는 것이 목적이다. 예를 들어, 중국의 하이얼(海尔) 그룹은 우수한 가전기업을 입주시켜 가전산업클러스터 구축을 목표로 파키스탄에 협력구를 건설했다. 하이얼 그룹이 단독으로 건설한 '하이얼 - 루바(鲁巴) 경제구'는 중국 최초의 해외 경제협력구이며, 중국 단일 기업이 경제협력구 건설을 주관한 대표적 사례이다. 한편, 태국기업(안메이더그룹)과 중국기업(항조우화리그룹)이 함께 건립한 '태국뤄용(罗勇) 중국 공업원'이 있다.

둘째, 중국정부주도형. 정부가 주도하는 해외 경제협력구 건설은 그 건설주체에 따라서 3가지 경우로 나눌 수 있다. 중국지방정부 주도, 중국개발구 주도, 중국개발구와 중국 국내기업 합작이 있다. 정부주도형 해외경제협력구는 지방정부가 그 지방기업의 성장을 위해서 생산라인 및 경영 모델을 생산비용이 낮고, 소비시장에 보다 근접한 개발도상국 또는 지역으로 옮기는 것을 주요 목적으로 하고 있다. 따라서 해외 경제협력구의 형식을 빌려 중국지방기업들이 무리를 지어 해외에 진출할 수 있는 발판을 마련하는 것이다. 대표적으로 선전시가 기획하여 건설한 베트남 - 중국(선전 - 하이퐁)경제무역협력구가 있다. 또 장수성(江苏省) 난징장닝경제기술개발구(南京江宁经济技术发区)가 2006년 나이지리아에 '라이지자유무역구(莱基自由贸易区)' 건설에 참여한 사례가 있다.

지방정부 주도로 생산기지를 해외로 옮기는 기업들은 대부분 사실상 지방정부가 소유한 기업들이다. 2장에서 언급한 바와 같이 중국은 개혁개방 이후 중앙권력의 지방분권화와 함께 국영기업들이 지방정부 관할 비국영기업으로 전환됐다.[33] 지방정부는 기업에 대한 관리권을 가지고 지역의 경제성장을 이들 기업의 성장을 대대적으로 지원했다. 2000년대 중후반 지역에 근거한 기업의 해외진출에 있어서 지방정부가 핵심적 역할을 한 것이다.

표 3.2 해외경제협력구 운영모델

추진 모델	주체	해외경제협력구 예시	장소
중국기업 주도형	중국기업 단독	하이얼 – 루바 경제구	파키스탄
	여러 중국기업 공동	–	–
	중국기업과 협력국 기업 공동	태국 뤄용 중국 공업원	태국
중국정부 주도형	중국지방정부	베트남 – 중국(선전 – 하이퐁) 경제무역협력구	베트남
	중국개발구	난징장닝경제기술개발구	나이지리아
	중국개발구와 국내 기업 합작	나이지리아 – 광동 경제무역협력구	나이지리아
협력국정부 주도형	협력국정부 주도	주룽(Jurong)공업원구	싱가폴
	협력국정부와 중국기업 공동	–	–

출처: 乔标(2008), "境外产业园: 中国IT产业"走出去"的新模式",《现代经济探讨》第6期 참고하여 저자 정리.

---

[33] 조성호 외, 앞의 보고서, p. 11.

셋째, 협력국정부 주도형. 해외 경제협력구 건설은 협력국 정부가 주체가 되거나 협력국 정부와 중국의 기업이 연합하여 건설하게 된다. 이 경우는 협력국이 중국의 자금과 관련 산업을 유치하는 것이 목적이기 때문에 협력국 정부가 적극적으로 협력국 건설에 투자를 하게 된다. 싱가포르의 주룽(Jurong)공업원구가 전형적 협력국 정부 주도형 협력구이다. 주룽진(鎭) 정부에서 기업에게 제공되는 전국 공업용지 및 각종 산업원구를 전부 관리하고 있고, 경제발전국(局)에서 전 세계에 분포되어 있는 전문 기업을 총괄적으로 모집하기 때문에 해외 기업들의 투자를 효과적으로 유인할 수 있다.

3) 해외 경제협력구의 지원정책

해외 경제협력구의 건설은 주체가 누구인지와 상관없이 국가와 국가 간 협의에 의해서 건설되기 때문에 국가 및 정부의 지원은 필연적이라 할 수 있다. 경제협력구에 입주하는 기업에 대한 우대혜택은 다양한 기업이 협력구에 입주하도록 하는 핵심 유인책이 된다. 그뿐만 아니라 양호한 정책과 산업기반 그리고 적절한 지원정책 체제를 갖추는 것은 두 지역 또는 국가의 해외 경제협력구 건설에 중요한 요소이다. 중국이 해외에 건설한 경제협력구의 경우 협력국가에 따라서 그 우대혜택은 조금씩 다르다. 하지만 해외 경제협력구에 입주하는 기업은 대체적으로 정책적, 재정적, 금융적 측면에서 중국정부와 협력국 정부 모두로부터 여러 가지 혜택을 받을 수 있다.

예를 들어, 해외 경제협력구 건설 사업마다 상무국에 최대 2억 위안을 보조금으로 신청할 수 있다. 또한 협력구에 투자한 설비, 원재료 및 부품 등에 대한 실물투자는 수출과 동일하게 보고 면세혜택을 부여하기도 한다. 금융 측면에서는 협력구 입주기업이 협력구 전용자금 대출에 대해서는 5년 동안 100% 대출 이자를 보조해주는 등의 특별한 혜택을 누릴 수 있다. 협력구 정주 인사에 대해서는 출입국에 대한 편의도 함께 제공한다. 한편, 협력국도 중국 투자자의 투자편리에 대한 정책적 지원정책을 제공한다. 태국 - 중국 뤄용 공업구의 사례에서 보면, 태국정부는 공업원에서 생산하는 제품에 대한 국산화비율 요구, 해외송금 제한, 수출요구, 제조업에 대한 외자비율제한 등의 조치를 적용하지 않았다.[34) 잠비아 - 중국 경제무역협력구에 대해서 잠비아 정부는 5년간 기업소득세, 원천소득세 면제, 수입하는 원자재, 기기설비(부속품 제외)에 대한 관세면제, 그리고 협력구 투자를 위한 물품 및 서비스 수입에 대한 부가가치세를 면제하는[35) 조세혜택을 제공하였다.

다. 해외 지방경제협력 추진 사례

1) 장수성-라고스주 '라이지 자유무역구'

라이지 자유무역구는 중국의 해외진출 전략에 기반 한 아프리카와의 협력 사업 중 하나이다.[36) 또 중국 지방기업(中国铁建股份有限公司), 중 - 아프리카 합자기업(中非莱基投资有限公司), 그리고 라고스주정부 설립기업(莱基自由开发公司)이 공동으로 투자하여 건설한 중

---

34) 贾玲俊、萨秋荣(2015), "中国境外经济贸易合作区发展现状探析",《对外经贸实务》, p. 26.

35) 路红色(2013), "中国境外经贸合作区发展的经验启示",《对外经贸》第232(10), pp. 8-9.

36) 2006년 11월 중국 - 아프리카 협력 정상회담을 개최한 자리에서 후진타(胡锦涛) 중국 국가주석은 '8항(八项)'조치를 발표했는데 그 중 하나가 3 - 5년 내에 아프리카에 3 - 5개 경제무역협력구를 건설한다는 것이다.

-아프리카 경제협력구이다. 2006년 11월 중-아프리카 간 정상회의 이후 라이지자유무역구는 나이지리아 연방정부, 라고스주 정부와 협의서를 체결하고 중-나이지리아 경제협력구 및 라이지자유구의 세수, 무역, 토지 등에 대한 우대혜택을 법률적 절차를 통해 확인했다. 이후 2007년 2월 장수성과 라고스주는 《장수성 정부와 라고스주 정부 간 우호협력 비망록(江苏省政府和拉各斯州政府友好合作备忘录》(이하 우호협력비망록)를 체결했다. 2007년 11월 라아지자유구(自由区)는 중국 상무부로부터 '해외경제협력구' 지위를 비준 받았다.[37] 이로써 라이지자유구는 중국 중앙정부 및 장수성 지방정부, 그리고 나이지리아 연방정부 및 라고스주 정부로부터 법률적 지위를 인정받았다. 이는 곧 나이지리아의 자유무역구 및 수출가공구에 관한 법률 및 우대정책이 적용되는 것을 의미한다.

나이지리아 자유무역구 및 수출가공구는 《1992년 수출가공구 제63호 법령》제10조 4항과 《나이지라아 자유무역구 투자절차, 규장 및 지침 2004》가 적용되어 대외투자에 대한 각종 차별성 규정을 없앴다. 또한 2001년 중국과 나이지리아 양국은 《상호 투자 촉진 및 보호 협정》을 체결하고, 2002년에는 《소득에 대한 이중과세 및 탈세 방지에 관한 협정》을 체결하여 중국 투자기업이 나이지리아에서 안전하게 사업을 할 수 있는 정책적 지원을 제공하며, 합법적 권익보호를 위한 제도가 이미 마련되어 있다.[38] 이에 근거하여, 라이지 자유무역구에 투자하는 기업에

---

37) 中国国际贸易促进委员会(2015.09.10), "境外经济贸易合作区专题介绍—尼日利亚莱基自由贸易区".
　　〈http://www.ccpit.org/Contents/Channel_3743/2015/0910/487641/content_487641.htm〉(방문일자: 2018.01.22)
38) 中国国际贸易促进委员会(2015.09.10), "境外经济贸易合作区专题介绍—尼日

대해서 세수, 외화, 수출입, 시장진입 방면에서 우대정책이 적용된다.

라이지 자유무역구 내에서는 연방, 주, 지방정부의 세수 및 수입관세가 면제된다. 상품 수출입에 대한 허가증 절차를 별도로 필요로 하지 않으며, 자유구역 내에서 100% 생산, 가공 또는 포장한 제품은 나이지리아 국내 시장에서 판매 가능하다. 외국국적 노동자 고용에 대한 제한이 없으며 공장 건설 전 6개월에 대해서는 토지임대료를 면제한다. 또한 99년간의 토지사용권을 향유할 수 있다.

2) 선전-하이퐁 '안양공업구'

2015년 11월 시진핑 중국국가주석의 베트남 방문기간 중-베트남 성명을 통하여 해외 경제협력구 건설에 합의하고 중국은 베트남 하이퐁시를 포함한 두 군데 공업원구에 적극적으로 투자할 것을 천명했다. 중국-베트남(선전-하이퐁)경제협력구는 안양공업원구에 위치하며 선전시의 최초 해외산업발전기지가 됐다.[39] 선전시는 선전시 기업의 산업고도화를 위하여 해외진출(走出去) 전략을 선택했다. 이에 따라서 선전시는 베트남 하이퐁 시와 《중국-베트남(선전-하이퐁)경제무역 협력구에 관한 협력 협정(关于建立中国越南（深圳－海防）经济贸易合作区的合作协议)》을 체결하고[40], 2008년부터 하이퐁 시에 해외 경

利亚莱基自由贸易区(三)",

〈http://www.ccpit.org/Contents/Channel_3743/2015/0910/487645/content_487645.htm〉(방문일자: 2018.01.22)

39) 施志宏(2015), "境外中国工业园产业发展定位暨开发模式分析－以越南中国(海防－深圳)经济贸易合作区安阳工业区为例", 《河南建材》第2期, p. 178.

40) 深圳市政府网(2008.09.08), 深圳与越南海防市签署开发区建设备忘录.
〈http://www.sz.gov.cn/cn/xxgk/zfxxgj/zwdt/200809/t20080908_5288956.htm〉
(방문일자: 2018.01.15)

제협력구 건설에 대해 논의해 왔다. 이후 지지부진하던 사업은 2016년 9월 기공식을 진행했다. 기공식에서 선전시 최대 국유기업인 선전투자주식유한회사(深圳投资控股有限公司)가 투자를 약속했으며, 선전베트남투자회사(深越投资公司)가 안양공업원구관리위원회로부터 위탁을 받아 안양공업원구 토지개발 사업을 종합적으로 수행한다.[41]

선전시 상공회의소, 의류산업협회, 전자상거래협회 등 각 종 산업협회 조직들도 산업계획 및 입주 기업에 대한 관련 서비스를 제공하는 등 해외진출 기업에 대한 적극적 지원을 제안했다. 안양공업원은 선전 기업의 산업고도화가 목적이므로 비교적 부가가치가 높은 전자, 의류, 의약, 운송 등 분야를 핵심 진출 사업으로 이들 기업에 대해 적극적 지원과 서비스가 제공된다. 한편, 안양공업원구는 양국 간 기술규제 조화에 있어 중요한 시범단계로서의 의미를 가진다. 예들 들어, 베트남과 중국은 기술법규 및 규범에서 차이가 나며 베트남이 중국보다 낙후되어 있다. 용지분류와 같은 원칙성 기술법규에 대해서는 베트남 법률을 따르더라도, 도시행정상의 기타 기술법규의 경우는 베트남 지방 정부의 동의하에 중국의 건설 설계 관련 규범을 적용할 수 있다.[42] 두 지역의 기술규범 격차 해결을 위한 논의를 통해서 지역 간, 나아가 양국 간 규범의 통일을 실현할 수 있는 가능성을 보여준다.

---

41) 深圳市政府网(2017.07.28), "越南计划投资部副部长阮文孝考察深圳湾科技产业园区".
〈http://www.sz.gov.cn/gzw/qt/gzdt/201707/t20170728_8004904.htm〉(방문일자: 2018.01.15)

42) 杨华、骆小荣(2013), "促进合作交流、尊重地域特性、适应弹性发展－记越南－中国经济贸易合作区暨海防－深圳安阳工业区配套生活区详细规划设计", 《中华建设》2013(4), p. 98.

표 3.3 해외 지방경제협력 사례

	라이지자유무역구 (莱基自由貿易区)	안양공업구 (安阳工业区)
착공년도	2007년 착공	2016년 12월 착공
협력도시	장수성 – 라고스주	선전시 – 하이퐁시
협력근거	《江苏省政府和拉各斯州政府 友好合作备忘录》	《关于建立中国越南(深圳 – 海防) 经济贸易合作区的合作协议》
소재지	나이지리아 라크스주 라이지반도	베트남 하이퐁시
투자자	中国铁建股份有限公司 中非莱基投资有限公司 莱基自由开发公司	深圳投资控股有限公司
협력내용	- 라이지자유무역구 개발을 위 한 합작사를 만들어 공동으 로 투자하고 공동으로 개발 - 중국과 나이지리아 투자비 율은 각각 60:40 - 가구, 건자재, 오금, 목재가 공 등 산업분야에 협력	- 중국 선전시 최대 투자기업이 투자 - 베트남 하이퐁 시가 합자로 션- 베 투자회사(深越投资公司)를 설립하고 안양공업원구관리위 원회는 이 회사에 안양공업원 구 토지의 종합적 개발을 위탁
지방정부의 역할	- 경제협력단지가 원활하게 조성될 수 있도록 지방정부간 제도 및 정책 지원을 통해 투자편리화 및 투자자 보호 보장 - 투자에 대한 우대혜택 제공	

출처: 본문 내용을 바탕으로 저자 정리.

2. 국내기반 지방경제협력 정책

가. 지방중심의 경제개발 정책과 경제협력

중국의 지방중심의 경제발전 정책은 중앙과 지방의 분권화가과 심화될수록 지방정부 중심의 경제발전도 심화되어 왔다고 할 수 있다. 지방중심의 경제발전은 중앙정부의 거시적 발전 전략에 따라 각 지역의 지역발전 전략을 수립하는 모델로 진행됐다. 개혁개방이후 2000년대 중반까지는 이미 잘 알려진 바와 같이 거시적 국가경제발전 전략의 일환으로 중국 전체 경제발전 지표를 높이기 위해 중앙정부가 주도적으로 특정 지역을 집중 발전시켰다. 이 시기 거점 지역이 주장삼각주(珠江三角洲), 창강삼각주(长江三角洲), 동부연해지역이다. 2006년부터 이러한 지역불균형을 해소하기 위하여 지역경제의 균형적 발전전략이 진행됐다. 이는 11차 5개년 경제개발계획(2006-2015)(이하 11.5계획) 기간에 본격화되어 지역의 균형발전 전략의 큰 틀을 제시했다.[43] 11.5계획은 각 지역이 보유하고 이는 자연자원과 기반 시설, 발전 잠재력 등을 고려하여 그 지역에 특화된 발전 계획 및 전략을 수립을 기본원칙으로 한다. 또한 지역 개발전략의 상호작용을 통한 지역 간 균형발전은 실현하는 것을 목적으로 한다. 11.5계획은 중국 전역을 동부, 서부, 중부, 동북의 4개의 발전 권역으로 구분하고, 각 지역의 발전방향을 제시했다.[44] 11.5계획의 지방경제발전 전략은 시진핑 체제에 들어 《국가신형도시화계획(国家新型城市化规划)(2014-2020)》으로 구체화 되었다. 각 지역의 주요발전 방향에 관한 내용은 〈표 3.4〉와 같다.

---

43) 中华人民共和国国民经济和社会发展第十一个年规划纲要.
   〈http://www.gov.cn/gongbao/content/2006/content_268766.htm〉(방문일자: 2018.01.15)
44) 11.5계획상의 지역발전 전략에는 4개 광역발전구역 외에도 主体功能区와 关键问题区의 기능지역이 포함되어 있다.

표 3.4 중국 권역별 지역발전 전략

권역	발전방향의 주요 내용	국가급 개발 지역
중부 지역 굴기	- 현대농업산업단지를 건설하여 농산품의 생산능력을 강화하고 농산품의 부가가치 창출 - 풍부한 에너지광물자원을 근거로 한 철강, 화학공업, 유색 건축 자재 등 경쟁력 있는 산업의 구조조정을 통해 최고급 원재료기지 구축 - 장비 제조업을 소프트웨어, 광전자, 신소재, 바이오공학 등 첨단기술산업으로 전환	- 퀴양호 생태경제구계획(鄱阳湖生态经济区) - 완장도시벨트 산업이전승계시범구계획(皖江城市带承接产业转移示范区规划) - 창주탄도시군 양형사회건설 종합관려개혁 총체방안(长株潭城市群资源节约型和环境友好型社会建总体方案) - 우한도시권 양형사회건설 종합관련개혁시험 총체방안(武汉城市圈"两型"社会建设综合配套改革试验行动方案) - 중원경제구계획(中原经济区规划)
동부 지역 선도 발전	- 자주혁신능력 제고, 경제구조 최적화 및 성장 방식의 전환 선도 - 선진제조업, 첨단기술산업, 서비스업의 선도 발전 - 자원이용의 효율제고, 생태환경보호, 지속가능한 발전 능력 강화 - 특구, 신구, 개발구 등을 활용하여 지역경제 발전을 선도	- 징진지 도시권 지역계획 - 산동반도 남색경제구 발전계획(山东半岛蓝色经济区发展规划) - 황하 삼각주 고효율생태경제구 발전계획(黄河三角洲高效生态海洋产业集聚区) - 장수연해지역 발전계획(江苏沿海地区发展规划) - 창장삼각주지구 지역계획(长江三角洲地区区域规划) - 해협서안경제구 발전계획(海峡西岸经济区发展规划) - 주장삼각주지구 개혁발전계획(珠江三角洲地区改革发展规划纲要) - 헝칭 종합발전계획(横琴总体发展规划) - 하이난 국제관광섬 발전계획(海南国际旅游岛建设发展规划纲要)

서부 지역 개발	- 국가 지원 및 지역 자체 노력, 그리고 지역 협력 을 통해 서부지역의 개혁 과 개방 가속화 - 청정에너지, 광산자원 개 발, 선진 제조업, 첨단기 술산업 등 특색 있고 경쟁 력 있는 산업 육성 지원 - 변경 항구 건설을 통해 인접국가와의 경제기술 협력 강화, 변경무역 발 전	- 관중－톈수이경제구발전계획(关中—天水经 济区发展规划) - 광시베이부완경제구발전계획(广西北部湾经 济区发展规划) - 청위경제구지역계획(成渝经济区区域规划) - 톈산베이붜경제구발전계획(天山北坡经济带 发展规划) - 간쑤성순환경제종합계획(甘肃省循环经济总 体规划) - 칭하이성 츠다무순환경제실험구 종합계획 (青海省柴达木循环经济试验区总体规划) - 시장경제사회발전계획(珠江－西江经济带发 展规划)
동북 지역 진흥	- 산업구조조정과 국유기 업개혁을 통한 부흥 - 현대농업발전, 식량기지 건설을 통해 농업의 규모 화, 표준화, 기계화, 산업 화 실현을 추진하는 동시 에 첨단산업의 발전 추진 - 주변국가와의 경제기술 협력 확대	- 랴오닝 연해경제벨트 발전계획(辽宁沿海 经济带发展规划) - 투먼강지역협력 개발계획(图们江区域合作 开发规划纲要) - 따샤오안링임업구 생태보호경제전환계획 (大小兴安岭林区生态保护与经济转型规划) - 헤이룽장 네이멍구 동북부지역 연변개발개 방계획(黑龙江和内蒙古东北部地区沿边开 发开放规划)

출처: 中华人民共和国国民经济和社会发展第十一个五规划纲要(2006－2010) 5절; 김천규
외(2014), 「중국 환발해지역 발전계획의 특성 및 도시경쟁력 분석 연구」, 대외경제
정책연구원, pp. 45-47을 참고하여 저자 작성.

나. 산동성 지방경제협력 시범구 건설 방안

1) 산동반도 지역개발 정책

산동성 지역개발 정책은 크게 2개의 국가급 발전계획이 진행되고 있다. 첫 번째는 황하 하류의 생태환경 보호를 위하여 수립한 《황하삼각주 고효율 생태해양경제구 발전계획(黃河三角洲高效生态海洋产业集聚区发展规划)》(이하 황하삼각주 발전계획)이며, 두 번째는 해양산업의 종합적 발전 전략 및 지역협력발전전략인 《산동반도 남색경제구 발전계획(山东半岛蓝色经济区发展规划)》(이하 남색경제구 발전계획)이다. 황하삼각주 발전계획은 석유탐사개발을 시작으로 1960년대부터 진행되었지만, 중국의 개혁개방 시기를 지나 지역균형발전 정책 단계에 와서 다시 주목받기 시작했다. 2009년 12월 국무원은 황하삼각주 발전계획을 국무원이 비준하면서 국가급 발전계획으로 승격됐다. 이에 따라 건설된 황하삼각주 고효율 생태해양산업단지는 중국 최초의 친환경경제구역으로 국가차원의 전략산업으로 추진할 계획이다. 황하삼각주는 6개 시(市)의 19개 현(县)·시(市)·구(区)가 포함되어 산동성 전체면적의 약 1/6을 차지한다.[45] 2015년까지 경제발전과 환경보호가 공존하는 고효율의 생태경제발전 시스템을 구축하고, 2020년까지 경제, 환경, 생활의 질을 선진국 수준으로 향상시키는 것을 목표로 하고 있다.

남색경제구 계획은 중국 최초 해양경제특구의 성격을 가진 국가급 계획이다. 남색경제구 계획은 산동성 해역 7개 도시를 하나의 해양경제

---

45) 동잉시(东营), 빈저우시(滨州), 웨이팡시(潍坊), 더저우시(德州), 쯔붜시(淄博), 옌타이시(烟台).

권으로 묶는 대규모 개발 계획으로 해양경제개발을 통해 중국의 에너지 자원 부족 문제를 해결하기 위한 시험구의 역할을 기대하고 있다. 남색경제구는 2009년 4월 후진타오(胡錦涛) 당시 중국 국가주석이 산동성을 시찰했을 때, "산동반도 해양자원의 과학적 개발과 해양산업의 육성을 통해 바다(海) - 육지(陆) 간 일체화 발전을 실현하는 '산동반도 남색경제구' 조성"의 필요성을 역설한 바 있다. 이에 따라 2010년 4월 국무원은 국가발개위가 보고한 《중국 해양경제 발전 시범사업 업무문제에 관한 요청》(发改委【2010 - 547】号)에 대해 산동, 저장, 광동 3개 성(省)에 전국 해양경제발전 시범사업 계획을 비준했다. 이에 근거하여 발개위는 《산동반도 남색경제구 발전계획》을 수립하고 2011년 상무부로부터 이에 대한 비준을 받았다.

산동성 위원회와 성(省) 정부는 국가 대외개방 전략에 있어 산동을 새로운 전략적 요충지로 보고 한국, 일본과 지역경제협력 필요성을 제기했다. 이를 실현하기 위하여 산동성 상무정(厅)은 《산동반도 남색경제구 중일한 지역경제협력 시험구 설립 기본방안(关于在山东半岛蓝色经济区建设中日韩区域经济合作试验区的框架方案)》(이하 기본방안)을 마련하여 남색경제구에 한중일 지역경제협력을 위한 시험지역을 건설할 것을 제의했다. 기본방안은 상무부와 외교부를 거쳐 2012년 국무원으로부터 비준을 받은 후 중일한 경제협력구 건설은 '시험구(实验区)'가 아닌 '시범구(示范区)'로써 산동성의 중점협력사업이 되었다.[46] 중앙정부는 산동성 남색경제구에 건설될 중·일·한 지역경제협력구가 시험구(test-bed)의 역할을 넘어 한중일 3국 간 지방경제협력 시범

---

46) 이에 따라서 기본방안은 최종적으로 《关于在山东半岛蓝色经济区建设中日韩区域经济合作示范区的框架方案》으로 수정되어 비준되었다.

지역(representative area)을 건설하여 3국의 산업협력기지로 발전할 수 있도록 중앙정부 차원에서 적극적으로 독려했다.[47]

이처럼 산동성의 지역개발정책은 중앙과 지방의 지역발전 정책이 조화를 이루어 시너지효과를 만들어 냈다. 중앙정부의 기본 지역발전계획에 근거하여 지방정부가 지역의 특색에 맞는 정책을 적극적으로 제시하고, 이를 다시 중앙정부 차원에서 적극적으로 지원했다고 평가할 수 있다. 특히 국경을 넘는 지방간 경제협력은 중국 개혁개방정책에 있어서도 새로운 시도이며, 한중일 3국의 지방정부 협력강화를 위한 전략적 시범지역으로써의 그 중요성이 강조된다.

2) 산동반도 남색경제구 발전계획의 주요내용

산동성 종합발전계획에 근거한 산동반도 남색경제구 발전계획(이하 발전계획)의 주요내용은 〈표 3.5〉와 같다.

---

47) 원자바오(温家宝) 당시 중국 총리는 제5차 중일한 정상회의, 제9차 중일한 3국 경제부장회의, 그리고 제4차 중일한 공상정상회의에서 지속적으로 중일한 지방 경제 시범구 건설을 제안했고, 결국 3국 경제마역부장회의에서 3국은 이에 협조할 것에 동의했다. 《关于在山东半岛蓝色经济区建设中日韩区域经济合作示范区的框架方案》

표 3.5 남색경제구 발전계획의 주요내용

구분	핵심내용
계획범위	- 산동 해역 전부 + 6개 도시(칭다오, 동잉, 옌타이, 웨이팡, 웨이하이, 르자오) + 빈조우(滨州)시의 우디(无棣) 현(县)과 잔화(沾化) 현에 속해있는 지역 - 해역 면적 15.95 평방킬로미터, 육지 면적 6.4 평방킬로미터
전략지위	- 국제경쟁력을 갖춘 현대 해양산업 집합지역, 세계 선진 행양과학기술 교육 핵심지역, 국가해양경제개혁개방 선행지역, 전국 중요 해양생태문명 시범지역
전략목표	- 단기: 2015년까지 현대해양산업체계의 기본적 틀 완성, 경제능력의 종합적 강화, 해양 과학기술의 자주혁신 능력제고, 해륙 생태환경 개선, 해양경제의 대외개방 구도의 지속적 개선을 통해 전면적 샤오캉(小康) 사회 건설 요구에 부합 - 장기: 2020년까지 해양경제의 고도화, 산업 구조 최적화, 인간과 자연이 조화로운 남색경제구 건설하여 현대화 실현
개발구조	- 하나의 핵, 두개의 성장점, 세 개의 벨트, 세 개의 클러스터 - 하나의 핵: 요동반도 첨단해양 산업단지(胶东半岛高端产业集聚区) - 두 개의 성장점: 황하삼각주 고효율 생태해양산업단지, 루난임항 산업단지(鲁南临港产业集聚区) - 세 개의 벨트: 연안, 근해, 원해 벨트로 구분하여 보호 및 개발 - 세 개의 클러스터: 청도 - 웨이팡 - 르자오, 옌타이 - 웨이하이, 동잉 - 빈조우

출처:《国家发展改革委关于引发山东半岛蓝色经济区发展规划的通知》(2011); 中国海洋报(2011.02.01), "山东半岛蓝色经济区发展规划解读" 참고하여 저자 정리.

발전계획은 개방형 경제체제 구축의 일환으로 한중일 경제협력 시험구 건설에 대한 기본방향을 제시하고 있다. 한중일 경제협력 시험구는 3국의 지방정부 간 해양산업협력, 투자무역편리화, 국경 간 교통물류, 전자항구 등 상호 연결 방면에서 '선행선식(先行先试)'을 시험할 수 있는 주요 거점으로서의 지위를 가진다. 선행선식은 중국 특유의 제도라 할 수 있는데, 특정 제도나 정책을 일부 특정 지역에서 우선적으로 실시한 후 점차 그 적용 범위를 넓혀가는 것이 특징이다. 발전계획이 제시하고 있는 3국 지역 간 3개 분야에 있어서 선행선식을 실시한다는 것은 향후 3국의 지역 간 협력을 넘어 국가 간 경제협력에 있어 중요한 경험이 될 수 있다. 각 분야 선행선식의 주요내용은 다음과 같다.

표 3.6 한중일 경제협력시험구 선행선식의 주요내용

구분	핵심내용
산업협력	- 해양산업, 해양과학기술, 에너지 절약 및 환경보호 등 분야의 협력 및 교류 강화를 통해 한중일 순환경제 시범기지 건설 - 한중일 연합으로 과학기술 연구 계획
투자무역 편리화	- 한중일 양자 또는 다자간 검사검역 협력 체제를 강구하여 무역 수출입, 식품안전 및 관련 영역에 있어 상호신뢰(互信) 및 상호인정 협력 강화 - 3국 간 전자상무 인증 체계 및 물류배송 체계 건설
물류협력	- 한중일 해상과 육상을 연동하는 자동차 직통 운송 전개 - 옌타이 한중 구경간 해상열차페리사업 사전 연구 및 논증 작업 진행
교류협력	- 동북아 지역 표준 및 기술법규 공유 플랫폼을 건설하여 한중일 기술표준 통일

출처: 《国家发展改革委关于引发山东半岛蓝色经济区发展规划的通知》(2011) 8장 2절을 참고하여 저자 정리.

3) 한중일 지방경제협력시범구 건설 방안

《산동반도 남색경제구 중일한 지방경제협력시범구 설립을 위한 기본방안》(이하 기본방안)은 2012년 국무원의 비준을 받았다. 기본방안에 포함된 한중일 지방경제협력 시범지역은 남색경제구에 포함된 칭다오(青岛), 동잉(东营), 옌타이(烟台), 웨이팡(潍坊), 웨이하이(威海),

르자오(日照), 빈저우(滨州) 7개 도시이다. 시범지역은 4가지 주요기능을 수행하게 된다. 우선, 시범지역에 포함된 7개 지역은 한국, 일본의 지방정부와 '경제협력 동반자관계'를 체결 하고 이를 바탕으로 지방정부가 경제협력 및 교류할 수 있는 제도 마련을 통해 한중일 지방경제협력의 중요한 플랫폼으로 만든다. 두 번째는 한중일 간 산업협력의 고지로 만든다. '중일산업원', '한중산업원'을 각각 만들어 일본과 한국의 첨단 기술, 첨단 산업을 중국으로 이전하는 계기를 마련한다. 동시에 3개 지방이 함께 협력할 수 있는 시범사업 및 정책을 이들 단지에서 시험적으로 우선 실시하면서 점차적으로 산업협력의 시범지역이 될 수 있도록 한다. 세 번째는 동북아 국제해운물류 허브의 중심지로 발전시킨다. 이를 위해 한국과 일본뿐만 아니라 국제해운물류기업을 시범단지에 유치시켜, 한중일 항구자원분배를 최적화 시키고, 항구의 종합서비스 기능과 집산 체계를 개선하였다. 마지막으로 한중일 경제무역 박람회 중심지의 역할을 수행하도록 한다. 한중일 고위 경제무역 회의 및 산관학 연구교류회의 및 한중일 각종 박람회 등이 시범지역에서 진행될 수 있도록 하였다.

구체적 목표실현을 위해서 기본방안은 '1+7' 한중일 경제협력동반자 관계 건설을 추천하고 있다. 이는 시범지역에 포함된 7개 도시가 한국과 일본의 한 개 지방정부와 동반자 관계를 체결하고 각 지역에 경제협력산업원을 건설한다. 예를 들어 산동성 7개 시범지역은 각각 한국 서울시, 부산시, 군산시, 울산시, 수원시, 인천시와 경제협력동반자 관계를 맺고, 각 지역에 '중한산업원(中韩产业园)'을 건설한다는 계획이다. 산동성은 한국의 선진기술 및 풍부한 경험을 중국으로 전이시킬 수 있는 장비, 신에너지 자동차, 해양화학, 정보기계, 자동차 부품, 농업 등을 한중 시범단지 중점협력분야로 지정하고 있다.

표 3.7 한중 지방경제협력동반자 관계 및 협력분야

중국	한국	협력분야
산동성	서울시	–
칭다오시	부산시	혁신산업원
동잉시	군산시	장비산업원
옌타이시	울산시	신에너지자동차산업원
웨이팡시	수원시	해양화학산업원
웨이하이시	인천시	정보기계산업원
르자오시	당진시	자동차부품산업원
빈저우시	대구시	현대농업원

출처: 《关于在山东半岛蓝色经济区建设中日韩地方经济合作示范区的框架方案》; 윤성혜
(2014), "환황해권 경제협력 강화를 위한 한중경제협력단지 조성과 법제지원 방안",
「홍익법학」 제15권 제4호, p. 126의 내용을 참고하여 저자 정리.

기본방안에 따라 칭다오시는 황다오신구(黄岛新区)에 중한무역협력
구를 7개 도시 중 가장 먼저 개설했다.[48) 웨이하이시도 2014년 2월 28
일《한중경제협력시범구 건설을 위한 실시의견(关于加快建设中韩（威
海）经济合作示范区的实施意见)》(이하 실시의견)을 발표했다. 웨이
하이시는 한국 지방정부와의 실질적 협력 이행을 위해서 11가지 구체
적 협력분야를 제시하면서 주관부서를 함께 지정했다.

---

48) 中国山东网(2014.08.15), "中韩贸易合作区落户青岛暂命名'青岛星城'",
〈http://qingdao.sdchina.com/show/3053252.html〉(방문일자: 2018.01.20)

표 3.8 웨이하이 한중지방경제협력 분야 및 주관부서

협력분야		주관부서	협력부서
도시 간 우호협력 심화		시 상무국	시 도시 건설위원회 계획국, 문화방송신문 출판국, 교육국, 위생국, 외사사무실, 각기 지역정부(관리위원회))
산업 협력 플랫폼 건설	특색 있는 중한 협력산업원 건설	각 시 지역정부(관리위원회), 시 도시건설위원회, 계획국	-
	현대서비스업, 선진제조업, 물류업	경제지역관리위원회, 임항지역관리위원회, 시 도시 건설위원회, 계획국	-
	혁신적 운영모델 개발	각 시 정부(관리위원회), 시 상무국	
대한 상품 무역 확대	산업상품 경쟁력 강화	시 경제 및 정보화위원회	세관부문
	어업 및 농업 분야 협력	시 농업국, 해양과 어업국	시 상무국 및 검역부문
	상업거래의 플랫폼 마련	각 시 지역 정부(관리위원회), 시 도시 건설위원회, 계획국, 상무국, 전람회 무역실, 무역추진회	-
서비스업 협력 강화	양국의 서비스 개방 선행시험 정책방안	시 발전개혁위원회	시 교통운수국, 상무국, 금융사무실, 인민은행 웨이하이센터지점
	금융 분야 혁신 및 협력	시 금융사무실	-
	관광산업 융합 및 상품개발	시 관광국	

		시 문화방송신문출판국, 경제 및 정보화 위원회	– –
	독창적 산업협력		
	의료서비스 협력	시 위생국, 민정국	
상호투자확대		시 상무국	각 시 지역 정부(관리위원회)
통관 서비스 개선	출입경 절차 간편화를 통한 인력이동의 편리	시 외사사무실	시 공안국, 관광국 및 세관, 검역 및 출입경 부문
	중점 상품의 관세 및 비관세 조치 연구를 통한 무역장벽 철폐	시 항구사무실	시 상무국 및 세관, 검역부문
	통관 편리화	시 항구사무실	세관, 검역, 출입경 부문
편리한 교통 체제 건설	항구 및 철도 최적화 계획	시 교통운수국	시 철도국
	항구의 개방수준 향상	시 항구사무국	시 민항국, 롱청시(荣成市) 정부
종합보세구건설		시 상무국	시 발전 개혁위원회, 재정국, 국토자원국, 도시건설위원회, 계획국, 국제국, 웨이하이세관, 웨이하이검역국, 원등시(文登市) 정부
인재능력향상		시 위원회조직부	시 인력자원 사회보장국, 상무국, 외사사무실
정책연구강화		시 상무국	시 정부 조정 연구실
홍보		시 위원회 선전부	시 경제 및 정보화 위원회, 재정국, 상무국, 문화방송신문출판국, 체육국, 관광국

출처: 윤성혜(2014), 앞의 논문, p.127 [표 3].

다. 한중 지방경제협력 주요전략

기본방안은 한중일 3국 간 지방경제협력을 위한 여러 방안을 제시하고 있다. 이는 향후 한중 FTA에 근거한 지방경제협력에 있어서도 중국 및 산동성의 핵심 협력 전략이 될 것이다. 지방경제협력의 핵심 전략은 공생과 공동발전을 원칙으로 산업협력, 물류협력, 무역편리화, 그리고 교류협력에서 구현된다.

1) 산업협력

한국과 중국은 국가 간에도 경제발전의 정도가 다르지만, 지방간에도 경쟁력 있는 산업분야의 발전의 정도가 다르다. 중국은 자연자원, 토지자원, 노동자원을 활용한 산업에 비교우위가 있어 비교적 노동 및 자원 밀집형 산업이 발달한 공업화 중기 정도의 산업발달을 보이고 있다.[49] 한편, 한국은 자본, 기술, 관리 방면에 경쟁력을 가지고 자본이나 기술밀집형 산업이 고도로 발달되었다. 이러한 격차가 만들어 내는 산업간 상호보완성을 이용하여 양 국가가 공동발전이라는 목표를 가지고 지방정부차원의 산업협력을 진행한다. 긴밀한 산업협력을 위해서 앞서 살펴본 바와 같이 산동성 각 도시와 한국의 도시를 맺어주고 도시들 간의 산업구조와 비교우위에 따라 효율적으로 협력이 이루어질 수 있는 산업군을 지정했다. 중요한 것은 산업협력이 이루어질 수 있는 특정 공간을 마련한 것인데 이것이 각종 산업원 및 시험구/실험구이다. 중국은 시험구에 첨단 제조업, 현대서비스업, 해양산업 등 현재 산업의 구조를 개혁할 수 있는 핵심 산업뿐만 아니라 주변 산업

---

49) 田燕梅(2016), "中日韩地方经济合作示范区建设政策研究 – 基于次区域经济合作的视角", 《改革与战略》第32卷(总第270期), p. 86.

까지 유치하여 하나의 거대한 산업 클러스터를 구축한다. 이 속에서 연구개발을 통해 자주적 연구개발능력을 배양하고, 사업구조 향상과 제품의 품질 향상을 도모하고자 한다.

2) 물류협력 및 무역편리화

동북아 국제물류 중심 건설을 위해 한중 지방도시가 가지고 있는 우수한 항구 간 전략적 협력동맹을 맺는다. 한국의 국제물류기업과의 협력을 통해서 선진 관리경험을 받아들이고 합자합작의 방식을 통해 부두, 항로, 정박 건설을 촉진하여 해운물류협력을 전개하는 것이다. 또한 보세항구의 지위를 활용하여 칭다오, 옌타이, 웨이하이, 르자오 항구에 현대물류원구 및 컨테이너 집산지를 건설하고 한중 지방경제협력의 시범구를 건설한다.50) 시험적으로 중국에 위치한 한중지방경제협력 항구와 한국 지방 항구와 자동차 화물운송에 대해 육해연계운송을 개통하여 '원스톱' 운송을 실현한다. 나아가 보세항구를 활용하여 세관관리감독, 검사검역, 금융외환서비스 등에 대한 선행선식을 실시한다. 통관에 있어 '1선 개방, 2선 통제' 정책51)을 실시하여 검사검역을 강화하는 한편, 사람, 교통, 화물의 출입이 자유로운 보세항구로 개발하고자 한다.

---

50) 기본방안 상의 '4+1'전략으로 중국의 칭다오, 옌타이, 웨이하이, 르자오 항구와 한국의 부산항이 전략적 동맹을 맺고 항구 간 원스톱 정책 등을 시범적으로 실시하는 전략이다.
51) 중국은 광동성과 홍콩 및 마카오와의 경제협력을 위해 광동성 주하이(珠海) 헝친 (橫琴) 신구(新区)에 1선 개방, 2선 통제 정책을 실시하였다. 지리적 근접성과 정책적 유연성을 활용하여 3지역의 긴밀한 협력시스템을 구축하고 중국의 서비스 산업 개방에 있어 중요한 매개역할을 했다. 윤성혜, 앞의 논문, p. 135.

3) 교류협력

지방경제협력 시범구는 정기적으로 경제부장회의, 산관학 학술회의, 자유무역협상, 비즈니스 포럼 등 각계각층의 회의를 개최하여 지속적으로 경제협력 할 수 있는 상호협력의 장을 마련한다. 이와 더불어 문화, 교육, 관광 등의 분야에서도 교류가 활발하게 이루어질 수 있도록 관광 절차를 간소화하고 각종 문화예술 공연을 진행하여 관광객을 유인하고[52] 이를 서비스산업 및 문화를 기반으로 하는 산업의 발전 동력으로 삼는다.

3. 한중 FTA기반 지방경제협력 정책

가. 지방경제협력 시범도시 간 협력 현황

1) 전담부서 및 홍보관 설치

2015년 7월 22일 인천광역시청과 웨이하이시인민정부는 한중 FTA 제17.25에 근거하여 양 지역 간 지방경제협력 촉진을 위한 지방경제협력 강화 합의서가 체결되었고 양측은 양 지역에 지방경제협력 전담부서를 설치하여 협의 사항을 추진하는 데에도 합의한 바 있다. 이에 인천광역시는 정부경제부시장 직속 부서인 중국협력담당관실을 신설하였고 웨이하이시정부는 한중 FTA 지방경제협력 협조판공실을 설치하여 두 지역 간 교류 협력의 대화채널을 마련하였다.

---

52) 李燕(2015), "先行先试 种好中韩自贸区"试验田"", 《中国财政》 总第699期, p. 23 참고.

그림 3.1 지방경제협력 전담부서 조직도

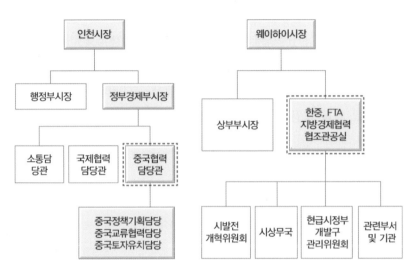

출처: 저자 작성

그림 3.2 인천시의 웨이하이 홍보관

출처: 저자 작성 및 웨이하이시 자료 참조.

또한 양 도시 홍보관을 상대 도시에 설치하여 투자유치 및 수출입 관련 활동을 추진하도록 하였는데 인천 웨이하이관의 경우 2015년 7월 22일 인천 송도 동북아무역센터 8층에 개설되어 투자유치설명회 및 수출입 관련 기업 상담회 등의 업무를 수행하고 있고 웨이하이 인천관은 2016년 11월 1일 웨이하이 환취구 위고광장에 개설하여 인천기업의 중국 통상 활동 지원 및 잠재 투자자 발굴을 통한 투자유치 지원 활동, 지방경제 협력 시범사업을 추진하고 있다.

2) 공동 협의체 구성

한중 FTA 체결 직후, 산동성은 성급 한중 지방경제협력 시범구 연석회의제도를 마련하여 지방경제협력 추진체계를 구축했다. 이에 따라 2015년 8월에 웨이하이시는 제1차 연석회의를 개최하고, 《웨이하이 중한자유무역구 지방경제협력 시범구 건설에 관한 약간의견(关于支持威海中韩自贸区地方经济合作示范区建设的若干意见)》을 채택했다.[53] 이를 통해 한중 지방경제협력이 시 차원을 넘어 성 정부 차원의 지지를 이끌어 냈다.

이와 더불어 2015년 11월 산동성은 인천시와 정례 연석회의 개최와 연석회의를 통해 지방경제협력 중점사업 및 그에 대한 구체적 실시 방안에 대해 논의하기로 합의 했다. 본 연석회의는 인천시와 산동성 성 정부 차원에서 체결된 협력체로 2016년 1월 산동성 웨이하이에서, 2017년 8월에는 인천에서 각각 개최되었다. 연석회의에서는 두 지방정부의 경제무역, 관광, 문화, 한중 FTA 및 농업기술 분야의 주요 정책을

---

53) 中国山东网(2015.08.18), "威海中韩自贸区地方经济合作示范区联席会议召开". 〈http://news.sdchina.com/show/3464246.html〉(방문일자: 2018.02.14)

공유하고 정책 활성화 방안을 논의하였다.[54]

두 도시는 고위급 연석회의와 더불어 실무자급 분과회의도 개최하고 있다. 2017년 6월 28일 – 29일 웨이하이에서 개최된 제1차 인천 – 웨이하이 지방경제협력 공동 및 분과위원회(이하 제1차 분과위원회)에서는 양 도시 간 사업 현황을 점검하고 분야별 통상현황 및 상생발전 방향이 논의되었다. 제1차 분과위원회는 통상분야 이외에도 관광분야에서 의료 교류 및 국제경기대회 교류협력 등 인문교류 협력에 대한 논의도 함께 진행되었다. 제1차 분과위원회는 2017년 1월 11일 – 13일 베이징에서 개최된 제1차 한중 FTA 공동위원회 및 분야별 이행위원회의 후속 조치로 매년 추진 성과를 평가하고 향후 계획을 논의하는 기회가 될 것이다.[55]

3) 한중FTA 지방경제협력 포럼 개최

인천과 웨이하이는 한중FTA 지방경제협력 포럼을 개최하여 한중 FTA 시범지구로서 경제협력의 구체적 실천방안을 모색하는 논의의 장을 마련하기도 하였다. 2016년 11월 23일 한중 FTA 지방경제협력 포럼이 인천에서 개최되었고 2017년 12월 22일에는 웨이하이에서 개최되었다. 한중 FTA 지방경제협력 포럼에 양 도시의 지방정부 관계자 및 관련 부처 실무자, 학계 전문가, 기업 종사자들이 참여함으로서 경제교

---

54) 기호일보(2017.08.09), "인천시, '제2회 우호협력 연석회의' 개최".
   〈http://www.kihoilbo.co.kr/?mod=news&act=articleView&idxno=710779〉(방문일자: 2018.02.05)
55) 중도일보(2017.06.29), "인천시 – 웨이하이시, 지방경제협력 공동 및 분과 위원회 개최".
   〈http://www.joongdo.co.kr/main/view.php?key=201706292854〉(방문일자: 2018.02.05)

류 활성화를 논의하고 경제교류의 플랫폼으로서 갖추어야 할 협력 모델을 만들어 가고 있다. 특히 2017년 12월 22일 웨이하이에서 개최된 포럼에서는 비관세장벽 해소 협의체 구성과 운영을 위한 협약서를 체결하여 무역편리화 부분의 실질적인 논의가 추진될 것으로 예상된다.

나. 웨이하이 지방경제협력 시범구 발전계획

웨이하이는 2015년 《한중자유무역구 지방경제협력 추진 가속화에 대한 제1차 시행방안(加快推动中韩自贸区地方经济合作第一批实施方案)》에 이어 2015년 10월 25일 《웨이하이 한중 FTA 지방경제협력 시범구 건설에 관한 약간의견(关于支持威海中韩自贸区地方经济合作示范区建设的若干意见)》(鲁办发【2015】8号)를 발표하여 구체적인 시행 안에 대한 의견을 발표 한 바 있다. 본 시행 안을 중심으로 한중 지방경제협력이 추진되고 있다는 점에서 본 문건의 내용은 의미가 있다. 2016년 1월에는 《자유무역시험구 개혁시행 경험에 따른 한중 자유무역구 지방경제협력 시험구 건설 가속화 추진에 관한 시행방안(关于复制推广自贸试验区改革试点经验加快推动中韩自贸区地方经济合作示范区建设实施放案)》(이하 시행방안), 2016년 6월 30일 《한중자유무역구 지방경제협력 개방시험구의 산업발전규획(中韩自贸区地方经济合作开放试验区产业发展规划)》(이하 산업발전규획)과 《한중자유무역구 지방경제협력 개방시험구 산업발전 3년 행동계획(2016－2018)(中韩自贸区地方经济合作开放试验区产业发展叁年行动计划(2016－2018年))》(이하 행동계획)에 관한 문건(2016년 51호)을 발표하였다. 본 산업발전규획과 행동계획은 한중 FTA 지방경제협력 개방 시범구 건설을 촉진하고 자유무역구로 편입되기 위한 전략적 대응으로 한중 FTA의 시범운행을 시행하는 혁신 플랫폼을 구축하고자 하는 내용을 담고 있다.

1) 한중 지방경제협력 산업발전규획의 주요내용

(1) 산업발전 전략

웨이하이는 지리적으로 인천과 매우 근접하여 유통, 무역, 국제전자상거래 분야에서 우위를 가지고 있고 기후 등 유사한 환경조건을 가지고 있어 오래 전부터 한국과의 문화 교류를 이어 왔다. 웨이하이는 산동성 소재의 칭다오, 옌타이, 웨이팡에 비해 한국과의 교류 비중이 가장 높은 지역으로 다양한 분야에서 협력해 왔지만 특히 무역, 생활문화, 보건서비스, 문화관광, 교육 분야와 같은 서비스 분야의 협력에 유리한 면을 보이고 있어 향후 한중 서비스 협력의 선행구로서의 가치가 있다.

웨이하이의 대외 무역과 제조업 분야가 주변 도시에 비해 우위를 갖지 않는 반면 서비스 분야가 상대적으로 경쟁력이 있다는 점은 시범지역으로서 서비스업에 차별화 전략을 세워야 한다는 것을 의미한다. 상품 유통 방면에서 웨이하이의 경쟁력을 살펴보면 칭다오나 옌타이와 비교했을 때 항만의 제약이 있고 대외 교역 규모도 작지만 한국과 가장 근접해 있어 시간의 절감, 해상특송의 효율성을 갖출 수 있다. 따라서 한국 소비품 등의 국제특송을 활용한 물류거점의 우위를 갖는다. 제조업 방면에서 칭다오는 웨이하이에 비해 기계제조, 백색가전, 전자정보, 선박제조, 자동차 및 부품 분야의 산업 체인을 갖추고 있고 옌타이는 기계제조, 화학공업, 식품 영역에서 웨이하이에 비해 경쟁우위를 갖고 있다. 따라서 웨이하이는 의료기계, 전자정보, 스마트제조, 해양

과학기술 분야 등 특색을 가지고 있는 분야를 중심으로 시범구에서의 발전을 도모하고 있다.

(2) 발전 목표

시범구는 웨이하이의 한중 산업협력의 주요 지역으로 무역의 편리화 수준에서 산업 클러스터와 산업 간 협력 발전을 견인하는 지역으로 발전하는 것을 목표로 하고 있고 한중 FTA 지방경제협력 시범구의 포괄적 협력으로 국제 경쟁력을 갖추기 위해 노력하고 있다.

① 단기 발전목표(~2018년): 단기 발전목표는 교역 규모를 증가시키는데 있다. 무역 편리화 추진으로 교역을 확대하고 물류 시스템 개선으로 한중 국제전자상거래 발전을 촉진하여 웨이하이가 한국 제품의 클러스터가 되도록 하려고 하고 있다. 국가급 국제전자상거래종합시범구와 성급 국제전자상거래 단지를 조성하여 국제전자상거래 거래 규모 10억 달러를 달성하도록하고 국제전자상거래 기업을 유치하는 목표를 두고 있다.

② 중기 발전목표(~2020년): 중기 발전목표는 산업의 업그레이드에 있다. 2020년까지 새로운 한중 산업 협력 모델을 수립하여 인재, 자금, 정보, 기술 등의 주요 산업요소가 웨이하이에 집중될 수 있는 환경을 조성하도록 하고 있다.

③ 장기 발전목표(~2025년): 장기 발전목표는 환경의 결합을 이루는 것이다. 환경의 결합은 문화, 민생, 자연생태, 사회 등 개방형 경제 거버넌스를 통해 투자와 무역의 편리화, 건전한 서비스 체제, 금융 등 다방면에서 지방경제협력의 모델이 되는 것을 목표로 하고 있다.

(3) 산업단지 구축 계획

웨이하이 발전과 개혁위원회는 한중 지방경제협력 산업규획을 실행하기 위한 산업단지구축 계획을 발표하였다. 산업단지를 중심으로 시범사업이 실행되고 발전 목표를 달성하기 위한 협력이 이루어 질 것으로 기대된다. 산업단지 지역과 단지로는 웨이하이 동부 빈하이신청(滨海新城), 웨이하이경제기술개발구(威海经济技术开发区), 웨이하이임강경제기술개발구(威海临港经济技术开发区), 웨이하이 횃불하이테크기술산업개발구(威海火炬高技术产业开发区) 등 3개 국가급개발구를 핵심 시범지역으로 한중협력산업단지, 한중현대서비스사업단지, 한중문화관광산업단지, 한중건강양로산업단지, 한중종합보세물류단지 등 산업단지를 구축하는 계획을 발표하였다.

그림 3.3 웨이하이 산업단지 구축 계획

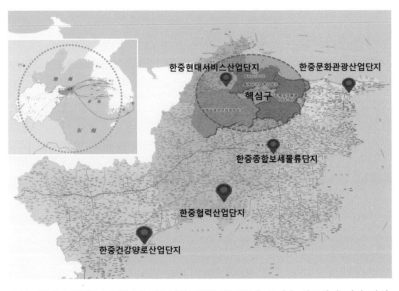

출처: 《中韩自贸区地方经济合作开放试验区产业发展规划》 문건을 참조하여 저자 작성.

① 한중FTA 지방경제협력 개방시범단지의 핵심구(이하 핵심구)는 동부 빈하이신청(滨海新城)와 웨이하이 경제기술개발구(威海经济技术开发区), 웨이하이 임강경제기술개발구(威海临港经济技术开发区), 웨이하이 횃불하이테크기술산업개발구(威海火炬高技术产业开发区)를 중심으로 하고 있다. 핵심구는 산업과 도시가 결합된 형태의 시범구로 비즈니스와 여가, 관광, 금융, 컨벤션, 의료, 주거, 공공서비스 등 종합적 도시의 기능을 하는 지역으로 한중 고급인력을 집중시킬 계획이다. 핵심구에 한중 기업 본부, 연구개발 등의 기능과 비즈니스의 중심지역으로 계획하고 있으며 이미 한국의 한러팡(韩乐坊), 롯데 투윈타워 등을 중심으로 한국 상품시장과 거리가 조성되어 있다. 또한 한중 경제협력혁신 시범지역의 창구로서 한국의 U-CITY 유치 등 한국의 혁신 제품을 교류 및 전시하는 기능을 담당하고 있다. 웨이하이 임강경제기술개발구(威海临港经济技术开发区)는 웨이하이항그룹의 항만 인프라를 활용한 창고, 운송, 포워딩 등 종합물류서비스를 기초로 한국 간 특수 물류거점 역할을 하며 한중 국제전자상거래의 중요한 물류역할을 담당하게 된다. 특히 국제전자상거래 과정에서 논스톱 통관, 검험검역, 세금신고, 물류 등의 서비스를 일괄 처리하는 시범운행 지역으로 물류 분야의 거점을 담당하고 있는 지역이다. 웨이하이 횃불하이테크기술산업개발구는 인천 창조경제혁신센터와의 협력을 통해 양국의 기술협력 네트워크와 인큐베이팅 플랫폼을 구축하는 역할을 담당하고 있다.

② 한중협력산업단지는 웨이하이 난하이신구(南海新区) 지역에 위치하고 있으며 한중 협력 프로젝트 및 중소기업 창업 등 한중 산업협력을 중심으로 하고 있다.

③ 한중현대서비스산업단지는 환취구(环翠区)에 위치하고 있으며 한중 상품전시체험, 전자상거래 및 정보서비스 발전, 생명과학 및 헬스 서비스 분야, 금융, 법률 등 비즈니스 관련 서비스 환경 을 조성하고 있다.

표 3.9 웨이하이 산업단지 구축 계획

기능	발전방향	지역	책임지역
한중 FTA 지방경제협력 개방시범단지의 핵심구	프리미엄 현대서비스업, 과학기술 선도산업, 특색 비즈니스, 경제, 의료, 교육 등	동부빈하이신청과 징구(经区) 대부분 지역	동부빈하이신청과 징구(经区)
	현대국제물류, 국제전자상거래 등	임강구(临港区)	임강구(临港区)
	과학기술혁신, 인큐베이팅, 하이테크산업 기술	가오구(高区)	가오구(高区)
한중협력산업단지	스마트 장비 등 중대산업 항목, 중소기업 혁신기지	난하이신구(南海新区)	난하이신구(南海新区)
한중현대서비스산업단지	전자상거래, 정보서비스업, 생명건강, 전문비즈니스 서비스	환취구(环翠区) 중심지역	환취구(环翠区)
한중문화관광산업단지	문화, 관광	하오원쟈오(好运角) 관광휴양지	롱청구(荣成区)
한중건강양로산업단지	여가, 노후 및 양로	루산빈하이신구(乳山滨海新区)	루산시(乳山市)
한중종합보세물류단지	보세물류, 보세전시판매	종합보세구	원덩구(文登区)

출처: 《中韩自贸区地方经济合作开放试验区产业发展规划》, pp. 41-42를 참조하여 저자 작성.

④ 한중문화관광산업단지는 하오윈쟈오(好运角) 관광휴양지를 주요 지역으로 영상문화산업, 문화체험을 중심으로 하는 관광, 한중 문화교류 활동을 활성화 하는 지역이다. 한중 문화교류지역으로서 한중 문화활동 및 축제, 한중 국제우호 마라톤대회 등 스포츠 대회와 한중 영상문화 포럼 등의 문화활동을 개최하는 역할을 맡고 있다.

⑤ 한중건강양로산업단지는 루산빈하이신구(乳山滨海新区)를 중심으로 하고 있으며 노후 및 양로산업 관련 협력을 담당하게 된다. 의료 진료, 여가를 비롯하여 보건 식품의 안전관리까지 담당하는 클러스터이다.

⑥ 한중종합보세물류단지는 2016년 국무원 비준을 받은 국가급 종합보세구로 한국 보세상품 전시 및 교역을 용이하게 하는 기능을 담당하는 곳으로 세금환급 등 보세구의 우대정책뿐만 아니라 현장에서 상품 체험에서 주문까지 무역의 편리화를 시행하는 시범지역으로서 의미가 있는 곳이다.

2) 한중 지방경제협력 산업발전규획 실행 현황

한중 FTA에 근거하여 산동성 웨이하이는 한국 인천시 경제자유구역청과 경제협력 시범지역(이하 시범구)으로 지정되었고 이에 산동성 위원회는 2015년 10월 25일 《웨이하이 한중 FTA 지방경제협력 시범구 건설에 관한 약간의견(关于支持威海中韩自贸区地方经济合作示范区建设的若干意见)》(鲁办发【2015】8号)(이하 약간의견)을 발표하여 시범구 내의 협력 범위에 대한 의견을 제시한 바 있다. 약간의견에서는 무역 방식의 혁신사업, 통관 관리 서비스에 관한 시범사업, 관광

분야. 금융 등 다양한 측면에서 한중 지방경제협력 시범사업을 제안하고 있다.

약간의견에서 제시된 시범사업을 기반으로 2015년 《한중자유무역구 지방경제협력 추진 가속화에 대한 제1차 시행방안(加快推动中韩自贸区地方经济合作第一批实施方案)》과 《한중 자유무역구 지방경제협력 시험구 건설 가속화 추진에 관한 시행방안(关于复制推广自贸试验区改革试点经验加快推动中韩自贸区地方经济合作示范区建设实施放案)》(제2차 시행방안)이 추진되어왔고 2017년 12월 20일 《한중 지방경제협력 시범구 건설 상황 보고서(威海中韩自贸区地方经济合作示范区建设情况的报告)》(이하 시범구 보고서)를 발표하여 한중 시범구 내의 국제전자상거래, 무역 편리화, 서비스 분야의 협력 등 협력 현황을 보여주고 있다.

현재 시범구의 52개 시범사업 중 34개는 실행 중에 있고 11개 항목은 추진 중이며 7개 항목은 관계 기관과 협의 중에 있다. 제2차 시행방안의 105개 항목 중 76개는 실행 중에 있고 14개 항목은 추진 중이며 15개 항목은 관계 기관과 협의 중에 있다. 이러한 시범사업을 설계하고 추진하는데 있어서 웨이하이는 중국사회과학원, 산동대학 한중관계 연구센터, 상하이 대외경제무역대학 등의 연구기관과 한중 지방경제협력에 대한 연구를 진행해 왔고 2016년에는 산동대학 동북아연구센터에 의탁하여 웨이하이 한중 FTA 지방경제협력 연구센터를 설립하여 전면적인전략을 추진하고 있어 한중 지방경제협력 분야의 실질적 논의를 구체화 하고 있다.

표 3.10 한중 지방경제협력 시범사업의 주요내용

구분	시범사업 제안 내용
무역 방식의 혁신	- 웨이하이는 한중 상품 박람회 개최로 한중 교역의 새로운 경로 구축 - 면세점 설치 - 한중 국제 전자상거래 종합단지를 설립 - 한중 해상 특송업무 지원 - 해외 여행객의 세금 환급 정책 추진
통관 관리 서비스	- 웨이하이항에 전자 통관시스템 도입하여 논스톱 서비스 시험 운행 - AEO(수출입안전관리우수공인업체; Authorized Economic Operator) 상호인정 확대-해관과 출입경검험검역 부분에서 선행적으로 관련 조치 마련 - 웨이하이항과 스다오항(石島港) 육류 수입항으로 지정 - 농수산품 분야: 상호인정 도입, 특히 신선유제품 수입 등록시 HACCP[56] 인증을 인정 제안 - 보건식품과 화장품 검사에 대하여 국가약품수입항 설립 신청: 한국에서 수입되는 화장품을 웨이하이에서 허가(신청) 업무가 가능하도록 하는 계획 포함
관광분야의 협력	- 쿠르즈의 72시간 내 무비자 정책 제안 - 한국 단체여행객의 15일 무비자 제안 - 거주민 무비자 정책 제안
문화 의료위생 분야	- 한중 합자 병원 설립, 한국 의사, 미용, 양로 분야 유치 제안

출처: 《关于支持威海中韩自贸区地方经济合作示范区建设的若干意见》의 내용을 토대로 저자 작성.

---

56) 해썹이라고 부르며 한국 식품위생법에서 정한 식품안전관리인증기준으로 생산 유통 소비되는 식품의 안정성 및 품질을 계획적으로 관리하는 시스템을 말한다.

표 3.11 웨이하이 지방경제협력 시범구 추진현황

구분		시범사업 제안 내용
교류 현황	교류 시스템 구축	- 최근 2년간 양 지역 관계자 100여 차례 협의 및 교류 - 2017년 인천-웨이하이 지방경제협력 연합위원회 및 분과위원회 설립 - 제1차 연합위원회 회의 개최: 산업협력, 과학기술, 통관, 문화 등 7개 분야의 협력 의제 발굴 - 2017년 12월 22일 무역편리화 커뮤니케이션 교류 협의서 체결
	전문부서 설립	- 인천시에 중국협력담당관실 설치, 웨이하이시에 중국 대표처 설립 - 2015년 KOTRA 웨이하이에 한중 FTA 경제지원센터 설립(2017년 웨이하이 무역관으로 승격)
	홍보관	- 2015년 인천에 웨이하이 홍보관 설치; 180여 차례 경제무역 활동 및 5억 달러 교역 발생 - 2016년 11월 1일 웨이하이시에 인천 홍보관 설치: 상품 전시 및 무역협상 등 추진
한중 교역	무역 편리화	- 칭다오 해관과 산동성 출입국 검험검역국과 협력 협의서 체결 - 산동성 최초로 전자 해관으로 지정, 논스톱 진행 - AEO 인증 기업 37개의 화물검사 간소화 - 해상철도 복합운송 컨테이너선 개통 - 웨이하이-뒤스브르크항 "中欧班列" 개통 - 철도 냉장 컨테이너선 "潍威韩" 개통 - 원산지증명 전산관리 시행, 한국 간 원산지증명 네트워킹 관리
	항만의 특수지원	- 웨이하이항, 스다오항, 룽옌항, 웨이하이 공항 신선수산품 수입항으로 지정 - 한국의 19개 신선제품 수입 증가 - 한국 수산업협동조합 중앙회와 "운수서비스 제공 협력 합의서" 체결 - 한국 선선우유 취급 기업의 HACCP 인정

	한국 제품 클러스터	- 한락방(韩乐坊), 대한가(大韩家), 가가열(家家悦) 등 한국 수입제품 체험센터 등 한국 제품 클러스터 조성
한중 국제 전자 상거래	물류	- 한중 해운 EMS 개통 - 국제해운특송 업무
	국제전자 상거래 산업단지 건설	- 중한 국제전자상거래 산업단지 조성
투자	주요 산업단지	- 웨이하이 동부 빈하이신청(滨海新城) - 웨이하이경제기술개발구(威海经济技术开发区) - 웨이하이임강경제기술개발구(威海临港经济技术开发区) - 웨이하이 횃불하이테크기술산업개발구(威海火炬高技术产业开发区) - 한중협력산업단지 - 한중현대서비스사업단지 - 한중문화관광산업단지 - 한중건강양로산업단지 - 한중종합보세물류단지
	투자유치	- 2017년 1월~11월 신규 한국 투자기업 94개 업체, 투자액 20억 3천만 위안 - 한국에 투자한 웨이하이 기업 33개, 투자액 1억 2천만 달러
	과학기술	- 인천창조경제혁신센터 유치 - 남해신구에 한국 하이테크 기술 인큐베이터센터 등 5개 한중 혁신플랫폼 조성
	관광	- 산동성에서 유일한 자가용 입국 관광 시행 - 외국 관광객의 쇼핑 환급세 정책 시행
	의료	- 연세의대 성형외과 웨이하이 합작병원, 한국 4ever 성형외과 웨이하이 합작병원 유치 - 인천시 보건복지국과 교류 협력 합의서 체결 - 9개 한중 합작 병원 설립 및 24명의 한국의사에게 외국의사 단기의료행위허가증(外国医师短期行医许可证) 발급

	금융	- 산동성 최초로 수산품 교역 시 한화 대출 지원 - 위신환전회사(宇鑫货币兑換公司)는 웨이하이에 한화 　와 위안화 특수환전 지점 설립
	문화	- 웨이하이 문화교류협회는 인천시 야구협회 및 한국국 　제친선 문화교류협회와 협력 협의서 체결 - 인천-웨이하이 국제요트경기 개최
	서비스 분야 유치	- 한국 독자 여행사 유치 - 한중 합자 미용병원 유치
체제 개선	정보공유	- AEO 및 원산지증명 전산화를 통한 정보공유
	소비자 권익	- 인천시와 "소비자권익보호협력 협의서" 체결
	해관 검사비용 지원	- 2016년 1월 1일부터 해관 검사에서 문제가 발생하지 　않은 컨테이너 수출입화물에 대하여 관련 검사비용을 　정부에서 부담(산동성 최초 시행)
	식품 수출 플랫폼	- 수출 식품에 대하여 동일한 시간, 동일 품질을 교역하 　는 공공서비스 플랫폼 구축
	해관의 전산화	- 해관 세관신고서의 89.9% 전산화
	지식재산권	- 한중 FTA 지식재산권 서비스 플랫폼 운영 - 한중 FTA 지식재산권 서비스 운영 플랫폼, 웨이하이시 　법률협회, 인천지식재산권센터, 한중경제문화교류센터 　가 지식재산권보호협의서 체결

출처: 저자 정리.

1. 상호인정
2. 복합운송

본 장에서는 한중 FTA 협정문에 근거하여 지방정부 간 시범사업으로 시행 가능성이 있는 분야의 사례를 분석 해 보고자한다. 한중 FTA 협정문에서는 다양한 분야에서 협력 가능성을 열어두고 있지만 효율성이 높은 상호인정과 복합운송 분야의 협력을 중심으로 살펴보았다.

1. 상호인정(mutual recognition)

가. 한중 FTA 무역기술장벽(TBT) 협약

1) TBT 체결 현황

상호인정협정(MRA)이란 한국에서 받은 KC인증과 같은 인증을 중국에서도 인정받을 수 있도록 기술의 표준화 혹은 절차의 표준화를 통해 적합성평가를 상호 인정하는 것이다. 이는 최근 무역기술장벽(TBT: Technical Barriers to Trade)으로 인하여 대중국 수출에 장애가 되고 있는 문제를 해결할 수 있는 방안으로 언급되고 있다.[57]

국가 간 상이한 기술규정(technical regulation), 표준화(standards), 인증(certification) 그리고 적합성 평가절차(conformity assessment procedures)는 무역기술장벽으로 한중 교역에서 상품의 자유로운 이동을 저해하는 대표적 비관세장벽 중 하나이다. 수입국에서 자국의 안전과 소비자 보호, 환경보호를 명목으로 시행하고 있지만 국내 산업을 보호하려는 수단으로 사용되기도 한다. 이러한 상황 속에서 수출국은 수입국의 규제에 적합한 기준을 맞추기 위해 수출비용이 증가 하고 상

---

57) 김연숙(2015), "한·중 FTA의 상호인정협정 활성화방안에 관한 연구", 「관세학회지」 제16권, p. 151.

대국 시장의 진입은 더욱 어려워지고 있다.

중국의 무역기술장벽 중 대표적인 것은 2003년 시행된 중국강제인증(China Compulsory Certificate, CCC)제도이다. 전기전자 제품에 CCC를 의무화함에 따라 한국에서 중국으로 수출되는 모든 제품은 반드시 CCC를 받아야 한다.[58] 한국 상품이 국제 기준에 적합한 인증을 받았다 하더라도 중국으로 수출할 경우 CCC는 필수다. 하지만 CCC를 받기 위해서는 안전시험, 공장심사, 전자파시험을 모두 거쳐야하기 때문에 인증을 받는데 6개월에서 1년 정도가 소요되기도 한다.

무역원활화를 위한 방법으로 규제협력(regulatory co-operation), 규제의 조화(harmonization of regulation), 국제기준의 규제(international regulation), 동등성 인정(recognition of equivalence), 표준의 조화(harmonization of standards), 국제표준화(international standardization), 상호인정협정(MRA: mutual recognition agreement), 기술지원(technical assistance program) 등이 있는데 이들 협력방안들은 서로 유사한 성격을 갖기도 한다. 예컨대 조화와 규제협력은 서로 매우 밀접한 관계를 맺고 있는 방안들이고 국제표준화는 국제적 수준의 규제라든지 인증 등과 중복되는 부분이 많이 있기 때문에 상호인정협정은 무역기술장벽을 해소하고 무역원활화를 실현할 수 있는 가장 이상적이고 바람직한 협력방안으로 인식되고 있다.[59]

상호인정을 이해하기 위해서는 한중 FTA에서 TBT 체결을 이해할 필요가 있다. 2015년 12월 20일 한중 FTA가 정식 발효하였고 한중

---

58) 중국 제품이 한국에 수입될 경우에도 마찬가지로 한국의 KC인증을 받아야 한다.

59) 전병호, 강병구(2015), "한중 FTA체결에 따른 정부의 MRA 활용방안에 관한 연구 - TBT 및 적합성평가를 중심으로", 「통상정보연구」 제17권 제3호, p. 182.

FTA 협정문 제6장 무역에 관한 기술장벽을 체결하면서 TBT 애로완화 방안, 제품안전협력 및 시험인증기관의 중국진출 협력 등 총 15조항에 대해 합의 한 바 있다.

무역에 대한 기술장벽은 각 당사국의 표준, 기술규정 및 적합성 평가절차에 대한 상호이해를 증진하고 정보교환을 포함하여 불필요한 장애를 초래하지 않도록 보장되어야 한다. 이러한 목적 하에 한중은 적합성평가 기간 간의 업무 협력 촉진과 적합성평가에 소요되는 비용과 시간을 축소하기로 합의한 바 있다. 특히 라벨링의 경우 요구사항을 최소화 하도록 노력하고 사전등록 및 허가를 요구하지 않도록 규정하고 비영구적 라벨의 허용 등에 대하여 합의하였다.

표 4.1 한중 FTA TBT 협정내용

제6장	조 명칭	주요내용
1조	목적	- 표준, 기술규정 등에 대한 상호 이해를 향상 - TBT분야 정보교환을 통한 협력 강화 - 표준, 기술규정, 적합성평가절차가 불필요한 무역 장애를 초래하지 않도록 보장
2조	적용범위 및 정의	- 상품무역에 영향을 미치는 중앙정부의 표준, 기술규정, 적합성평가절차 - 정부조달규격과 SPS는 제외 - 양 당사자는 지방정부의 TBT챕터 준수를 보장하기 위해서 합리적인 모든 조치를 적용 - WTO TBT협정 Annex1의 정의를 적용
3조	WTO TBT 확인	- WTO TBT 협정의 권리와 의무 재확인 - WTO TBT협정문을 FTA TBT협정문의 일부로 포함
4조	표준	- 표준화 기관의 모범관행규약(WTO TBT협정문 부속서 3) 준수에 대해 합리적인 조치를 적용

		- 양국 표준화 기관의 협력을 장려 - 기술규정과 적합성평가의 기반으로 국제표준 활용 - 국제표준 여부 판단을 위해서 WTO TBT위원회의 결정 고려하며, ISO, IEC, ITU 등을 국제표준으로 포함
5조	기술규정	- 기술규정의 동등성의 수용에 대한 긍정적 검토 - 기술규정의 동등성 미수용시 사유 설명 의무화
6조	적합성 평가절차	- 적합성평가절차의 결과를 수용하기 위한 다양한 메카니즘(MRA, 정부지정, 기관간 MoU, SDoC의 수용 등)이 존재함을 인식 - 관련 메카니즘들에 대한 정보교환 및 적합성평가결과 수용 촉진을 위하여 적합성평가 기관 간에 긴밀한 업무협력 촉진 - 적합성평가절차에 대한 내국민 대우 - MRA 협상 요구에 긍정적 고려 - 적합성평가 비용과 시간 축소를 위한 협력
7조	투명성	- 기술규정 등의 통보에 대해 상대국인 및 상대국이 코멘트 할 수 있도록 최소 60일을 허용 - 요청 시, 채택되거나 제안중인 기술규정, 적합성평가절차에 대한 정보제공 - 기술규정 채택 이후 시행시기 연장 요청에 긍정적 검토 - 채택된 기술규정과 적합성평가절차들을 상대국인이 입수 가능하도록 즉시 공지
8조	협력	- 표준, 기술규정, 적합성평가절차 분야의 협력 강화 - 표준, 기술규제, 적합성평가 분야의 협력강화 이니셔티브(적합성평가절차 등 간소화, WTO TBT협정 이행 제고, 시험·인증기관들 간의 협력제고 등) - 상대국 적합성평가기관의 운영, 설립 시 협력 - IECEE CB시험성적서를 양국 전기제품 안전인증을 위한 시험결과로 수용 독려 - 신기술관련 규제 시스템에 대한 정보교환

9조	소비자 제품 안전	- 소비자 사용 제품에 대한 안전의 중요성 인식 - 규제 시스템, 위해제품 조치사항, 사후관리 정보 등에 대한 정보 교환 - 모범규제관행, 위험관리 시스템 개발 등에 대한 양국 협력
10조	이행협약	- 적합성평가 협력 분야의 이행협약을 조기에 체결하기 위 해 최선의 노력, 공동 관심분야에 대해서 이행협약을 체 결할 수 있음
11조	표시 및 라벨링	- 표시 및 라벨링 요구사항이 무역에 장애가 되지 않도 록 보장 - 표시 및 라벨링이 요구되는 경우 요구사항을 최소화 하 도록 노력, 사전 등록·허가를 요구하지 않도록 규정, 비영구적 라벨의 허용 등
12조	국경조치	- 시험샘플을 포함한 통관 억류제품에 대한 사유 통보
13조	제도적 장치 및 이행	- TBT위원회 설치 : 챕터 이행 촉진 및 협력, 이행 점검, TBT현안 처리, 표준·기술규정·적합성평가절차 - 개발 협력 촉진, TBT관련 정보교환, 기술협의, MRA 논 의 촉진, 공동위원회 보고, 표준관련 비정부 및 지방정 부의 TBT관련 협력 등 - 1년에 최소한 1회 위원회를 개최 - TBT위원회 조정자 : 국가기술표준원, 중국국가질량감 독검사검역총국
14조	정보교환	- 타방이 요청하는 정보를 합리적인 기간 내에 제공 - 자국의 필수적인 안보에 반하는 정보는 제외
15조	분쟁해결	- FTA분쟁해결절차를 따르지 않음

출처: 한중 FTA 협정문 정리. 〈http://www.fta.go.kr/cn/〉(방문일자: 2018.01.28)

2) TBT 협약의 특징

한중 FTA TBT 체결의 특징은 중국에서 기체결한 TBT 협정문에는 없는 국제공인(IECEE, 전기용품)성적서 상호수용, 소비자제품안전 정보 교환 교환 및 시행 협력, 상대국 시험·인증기관 설립 및 운영에 협력하고 중국품질감독검사검역총국(AQSIQ) - 국가기술표준원(KATS) 간 무역기술장벽 위원회를 설치하기로 한 신규 조항을 포함하여 양국 간 교역 장벽을 해소하려는 조치가 포함되어 있다는 점이다.

2015년 9월 21일 산업통상자원부와 국가기술표준원은 한중 FTA 무역기술장벽 완화를 위해 중국품질감독검사검역총국(AQSIQ)과 양국 간 강제인증제도의 상호인정 촉진 및 소비자제품 안전 협력과 관련된 「소비자제품안전 협력 약정」, 「적합성평가 상호인정 협력프로그램 작업절차 약정」, 「전기전자제품 적합성평가 협력 약정」 등 3개 약정을 체결하였다. 적합성평가 상호인정 협력프로그램 작업절차 약정은 양국

그림 4.1 전기전자제품 국가기관 간 약정 및 인증기관 간 MOU 개념도

출처: 산업통상자원부 2015년 9월 22일 보도자료, p. 8. (방문일자: 2018.01.27)

의 적합성 평가에 대한 중복시험을 제거하기 위한 협력으로 CCC와 KC품목에 대한 상호인정을 우선 추진하고 한국의 국가기술표준원(KATS)과 중국의 중국국가인감위(CNCA)를 상호인정 코디네이터 역할을 하도록 하였다. 전기전자제품 적합성평가 협력에서는 국제공인성적서(IECEE CB)의 상호인정을 확대하고 양국의 전기전자제품 인증기관 간 협력을 체결하기로 하였다. 중국은 품질인증센터(CQC) 1개 기관, 한국은 한국산업기술시험원(KTL), 한국화학융합시험연구원(KTR), 한국기계전기전자시험연구원(KTC) 3개 기관을 인증기관으로 지정하였고 적합성평가기관들이 시범사업을 실시하는 것에 합의하였다. 한중 FTA TBT 위원회가 개최된 이후 협력이 본격화되기 시작했다. 2016년 3월 16일 비관세장벽으로 인한 문제를 해결하는 것이 가장 시급하다는 판한 하에 한중 FTA 이행기구 산하 14개 위원회 중 TBT위원회가 베이징에서 가장 먼저 개최되어 앞서 논의한 전기전자제품분야의 상호인정에서 제외되었던 전자파분야에 대한 시험인증 상호인정 및 강제인증제도(CCC, KC) 품목 전반에 걸친 상호인정 추진이 진행 중에 있다.[60]

---

60) 산업통상자원부 보도자료(2015.09.21), "한중간 무역기술장벽 완화를 위한 협력 본격화".
  〈http://www.motie.go.kr/motie/ne/presse/press2/bbs/bbsView.do?bbs_seq _n =157562&bbs_cd_n=81&currentPage=1&search_key_n=title_v&cate_n=1&dept _v=&search_val_v=무역기술장벽〉(방문일자: 2018.02.14)
  산업통상자원부 보도자료(2016.03.16), "한중간 무역기술장벽 완화를 위한 논의 본격화 - 제1차 한중 FTA TBT 위원회 북경에서 개최 - ".
  〈http://www.motie.go.kr/motie/ne/presse/press2/bbs/bbsView.do?bbs_seq _n =158075&bbs_cd_n=81&currentPage=1&search_key_n=title_v&cate_n=1& dept_v=&search_val_v=무역기술장벽〉(방문일자: 2018.02.14)
  산업통상자원부 보도자료(2016.03.17), "제2차 한 - 중 자유무역협정 무역기술장벽위원회 개최".

이어 2016년 3월 18일 한중 인증기관 간 시험결과 상호인정협정(MRA) 및 2016년 12월 20일 상호인정 품목 확대 및 공장심사 상호대행을 체결에 따라 추가 시험을 최소화하기로 하였다.

표 4.2 상호인정(MRA) 전후 비교

구분	상호인정(MRA) 협약 이전	상호인정(MRA) 협약 이후
CCC신청	중국 CQC 또는 대행기관	한국인증기관, 대행기관
안전시료	중국시험기관으로 시료 송부	시료송부 불필요
안전시험	추가 시험 실시	상호인정(추가시험 최소화)
전자파시험 (EMC)	중국으로 시료 송부 필요	중국으로 시료송부 필요 (정부기관 간 상호인정 협의 중)
공장심사	CQC 수행	CQC 및 한국 인증기관 (한국 인증기관이 CCC 공장심사원 자격 취득 후 업무대행 가능)

출처: KTR 칭다오 법인 소개 자료를 바탕으로 저자 작성.

나. 한국화학융합시험연구원(KTR) 상호인정 사례

1) 칭다오 KTR 개요

한국화학융합시험연구원(KTR)은 산업부 산하의 국제 공인 시험인증기관으로 전 산업분야의 시험성적서를 제공하는 업무를 담당하고 있으며 우리나라 제품의 해외 진출을 지원하는 기능도 맡고 있다. KTR은

⟨http://www.motie.go.kr/motie/ne/presse/press2/bbs/bbsView.do?bbs_seq _n=159686&bbs_cd_n=81&currentPage=1&search_key_n=title_v&cate_n=1& dept_v=&search_val_v=무역기술장벽⟩(방문일자: 2018.02.14)

2007년 중국 칭다오 해외법인을 시작으로 해외사업이 시작되어 현재 유럽, 중남미, 베트남에 지사가 진출해 있고 중국은 상하이(上海), 칭다오(靑島), 선전(深圳), 충칭(重庆) 네 지역에 지점을 두고 있다. 상하이 법인은 장강삼각주 경제권을 담당하고 있으며 주로 아시아지역 글로벌 사업을 주요사업으로 하고 있으며 선전(深圳) 지사는 주강삼각주 경제권의 전기전자, 화장품제조, 동남아수출기지로 해양실크로드와 동남아진출 교두보 역할을 하고 있다. 충칭(重庆)지사는 충칭(重庆), 청두(成都), 시안(西安)을 중심으로 중국 내륙시장 진출을 비롯하여 중앙아시아 교역의 거점으로 육상실크로드 관련 사업을 지원하고 있다. 마지막으로 칭다오(靑島) 법인은 베이징(北京), 톈진(天津), 산동(山東)의

그림 4.2 KTR의 주요 거점 및 주요 사업

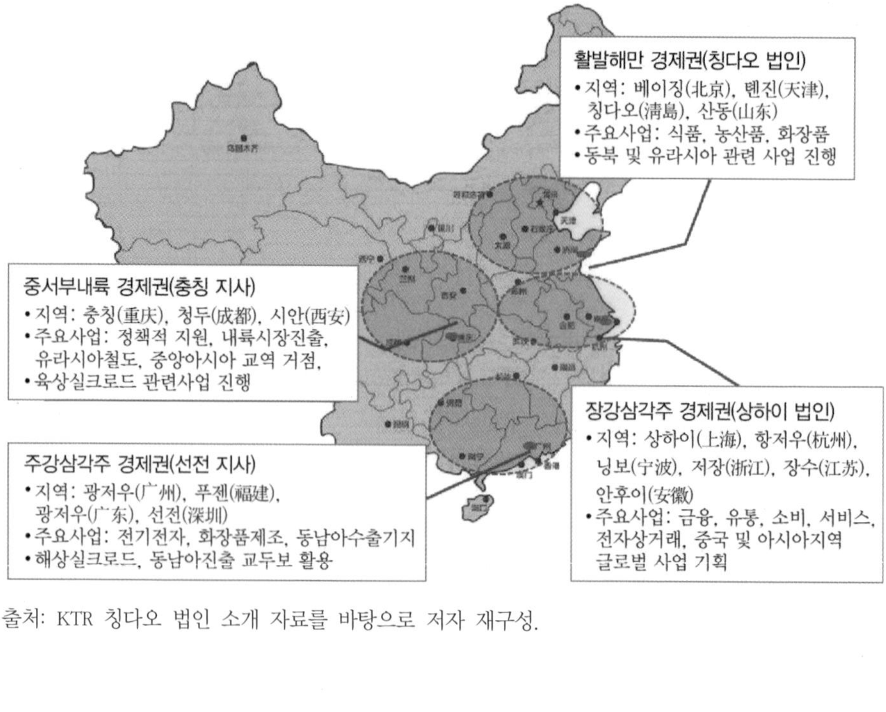

출처: KTR 칭다오 법인 소개 자료를 바탕으로 저자 재구성.

거점지역으로 식품, 농산품, 화장품 등의 품목을 주로 담당하고 있으며 동북 및 유라시아 관련 사업을 지원하고 있다. KTR 칭다오 법인의 경우 한국에서 산동성으로 유입되는 수출품의 비관세장벽인 TBT 문제를 해소하기 위한 지원제도를 시행하고 있다.

2) 산동성(출입경검험검역국; CIQ)의 상호인정 시행

KTR 칭다오 법인은 중국에서 사전통관검사업무를 시행하고 있는 유일한 한국 시험검사기관이다. 한중 FTA TBT체결에서 중국은 한국의 한국산업기술시험원(KTL), 한국기계전기전자시험연구원(KTC), 한국화학융합시험연구원(KTR)을 한국 시험인증기관으로 지정하여 CCC 인증 대행이 가능하도록 하였다. 산동성의 경우 산동성 CIQ(China Entry-Exit Inspection and Quarantine Bureau)가 KTR과 상호 간 시험을 인정하기로 합의함에 따라 한국에서 산동성 칭다오 황다오보세구를 통해 수입되는 식품, 농산물, 전자기기, 화장품 등의 검역이나 통관과 관련된 상호인정제도가 시행되기 시작하였다. 산동성 CIQ와 KTR이 상호 간 시험을 인정하기로 문서적 합의를 하였을 당시 한국은 식약처의 국외 시험검사기관 지정제도에 따라 산동성 칭다오 황도보세구 안에 있는 산동성 CIQ 시험소를 지정하도록 하였고 2015년 6월 1일자로 KTR은 식약처로부터 산동출입경검험검역국검험검역기술센터로 국외시험 · 검사기관 지정서를 발급받았다. 이로써 한국에서 황다오보세구로 들어오는 제품에 대하여 중복 시험을 할 필요 없이 KTR의 시험 자료를 통관시험용 자료로 인정하는 상호인정이 적용되기 시작하였고 무역 편리화의 중요한 역할을 하고 있다.

그림 4.3 사전통관검사제도 도입

출처: KTR 칭다오 법인 소개 자료를 활용하여 저자 재구성.

3) KTR의 주요 사업

KTR의 주요사업은 식품, 농산품, 화장품, 전자기기 제품의 대중국 수출이다. 산동성은 한국과 매우 근접해 있어 변질의 우려가 있는 제품의 교역량이 다른 지역에 비해 많다는 특징을 가진다. 대표적으로 한국에서 중국으로 수출되는 식품류의 상당부분이 산동성으로 유입되고 있다는 점에서 알 수 있듯이 식품류와 같은 품목의 통관·검역 과정에서 소요되는 시간은 기업의 생산성과도 매우 밀접한 연관성을 갖는다. 2017년 중국에 진출한 업체가 중국정부에 요구하는 사항 중 시험 인증을 통한 허가 등록 과정에서 소요되는 처리 시간을 단축해 달라고 하는 사항이 58%로 가장 많은 비중을 차지하였다.

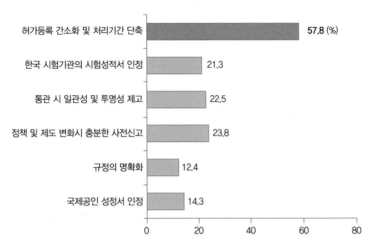

그림 4.4 2017년 비관세장벽 해소를 위한 요구사항

출처: KTR 칭다오 법인 데이터를 활용하여 저자 재구성.

그림 4.5 KTR 화장품 위생허가 절차 사례

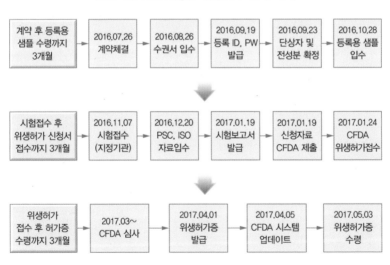

출처: KTR 칭다오 법인 자료를 바탕으로 저자 재구성.

화장품 위생허가의 경우 CFDA 위생허가증을 발급 받아야하며 통상 6개월-1년 혹은 그 이상 소요되는 사례가 있어 상호인정제도를 통해 처리기간을 단축하는 효과를 볼 수 있다.

식품의 경우 삼계탕 수출 시 통관용 위생 허가증을 받기 위해 약 4주 정도 소요되는 중국 측 정밀검사를 받아야하지만 KTR의 시험성적서를 인정해 줌으로써 4주간의 시간 및 통관에 필요한 추가 검사 없이 통관을 진행한 사례가 있다. 위생허가증을 발급받는 시간 자체도 오래 걸리지만 검사과정에서 중국 규정에 허가되지 않은 색소를 첨가하여 통관 거부가 되기도 하고 심지어 벌금을 물기도 한다. 따라서 한국형 제품을 중국으로 수출하고자 할 경우 중국기준에 맞게 구성하거나 중국향 제품을 새롭게 만들어야 한다. 중국 기준에 맞지 않는 불법적 요소가 발견되어 진출에 장애가 되기 때문이다.

CCC 발급은 중국 국내 인정기관으로 선정된 기관을 통해서만 가능하다. KTR의 경우 기업에게 의뢰받은 시험성적서 등을 중국 CQC에 송부하여 CCC인증을 신청하게 되고 중국CQC가 발행한 CCC인증서를

표 4.3 KTR 대중국 식품 수출 절차 사례

단계	1단계	2단계	3단계	4단계	5단계	
내용	중문라벨 사전 검토	중국 항구 도착, CIQ 신고, 세관 신고	세관검사 및 관세납부, 세관통관	CIQ동식물검사, 샘플링검사 및 라벨심사	중문라벨 등록허가 번호 및 위생 허가발급	유통판매
소요기간	7일 해외기업 등록 (1일)	1~3일	3일	동식물검사 :1~3일 샘플링, 라벨심사 :10~15일		

출처: KTR 칭다오 법인 자료를 바탕으로 저자 재구성.

신청 기업에 전달함으로써 발급 절차를 간소화 시켰다. 단 CCC인증 과정에서 유의해야 할 점은 CCC인증과 부품 CCC인증이 별도로 필요하다는 점이다. 한국에서 사용 가능한 부품이 간혹 중국에서 불가능한 경우 부품의 CCC인증을 받기 어렵기 때문에 중국에 진출할 제품의 경우 부품 단계부터 준비를 철저히 할 필요가 있다.

그림 4.6 국내 인증기관을 통한 CCC인증 발급절차

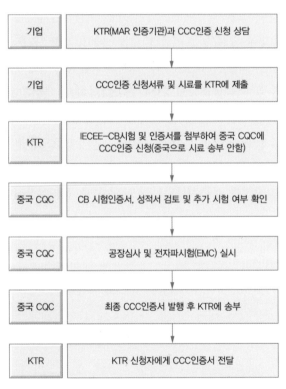

기업	KTR(MAR 인증기관)과 CCC인증 신청 상담
기업	CCC인증 신청서류 및 시료를 KTR에 제출
KTR	IECEE-CB시험 및 인증서를 첨부하여 중국 CQC에 CCC인증 신청(중국으로 시료 송부 안함)
중국 CQC	CB 시험인증서, 성적서 검토 및 추가 시험 여부 확인
중국 CQC	공장심사 및 전자파시험(EMC) 실시
중국 CQC	최종 CCC인증서 발행 후 KTR에 송부
KTR	KTR 신청자에게 CCC인증서 전달

출처: KTR 칭다오 법인 자료를 바탕으로 저자 재구성.

2. 복합운송

가. 한중 해육상 복합운송

1) 한중 열차페리의 장단점

한중 교역량 증가와 교역 범위가 확대되면서 중국 내륙지역까지 빠르고 안전하게 상품을 운송 할 수 있는 물류체계의 변화가 요구되고 있다. 특히 한중 FTA 체결 이후 비용과 시간을 효율적으로 활용할 수 있는 물류체계의 변화는 한중 간 교역을 활성화 시킬 수 있는 방안이 되고 있다. 특히 중국의 일대일로(一帶一路) 전략을 우리나라와 연계하는 방안이 다각도에서 연구되고 있다.

한국과 중국은 육상운송이 현재 현실적으로 불가능한 상태이기 때문에 육상운송과 해상운송을 연계하는 복합운송 방식이 보편적인 운송방법으로 이용되고 있다. 일반적으로 육상과 해상을 활용한 복합운송은 트럭을 이용하여 항구까지 운송하고 운송된 화물을 다시 선박에 실어 상대국 항구까지 운송한 후 다시 상대국 트럭을 이용하여 목적지까지 운반하는 복합운송방식이 활용되고 있다. 그러나 최근 열차와 선박을 활용한 복합운송 즉 열차페리 복합운송이 논의되고 있다. 열차페리는 육지의 철도와 해상의 선박이 결합된 형태의 복합운송시스템을 말한다. 철로가 설치 된 대형선박에 화물을 적재한 열차를 그대로 실어 선박에 열차를 싣고 출항 한 후 상대국 목적 항만에 도착 후 철도를 통해 열차가 바로 화물을 수송하는 방식이다. 열차페리 복합운송의 가장 큰 장점은 화물을 적재한 열차를 선박에 바로 싣기 때문에 복잡한 하역 과정 없이 바로 화물 운송이 가능하다는 점이다. 따라서 하역과정에서 발생되는 파손의 문제를 해결함으로써 안전성을 확보 할 수 있고 편리하게 대량의 화물을 운송할 수 있다. 열차페리는 기존 대형선

박의 해상운송에 비해 운송시간을 단축시킬 수 있을 뿐만 아니라 차량
수송 방식에 비해 물류비용을 약 40% 절감할 수 있는 장점이 있다.[61]

표 4.4 열차페리 장단점

장단점		내용
장 점	물류상의 장점	- 대량화물 운송에 적합 - 수요기간이 짧은 화물 운송에 적합 - 항만 하역시간의 단축으로 비용절감 및 화물의 손실발생 저하 - 포장비의 절감 - 통관의 간소화
	비용상의 장점	- 포장의 간이화에 다른 운임 절감 - 일반 해상운송에 비해 저렴한 보험료 - 하역처리 빈도가 적어 도난, 파손 위험 발생 저하 - 비상 시 손해의 최소화 - 보관장소와 보관기간이 짧아 재고품 창고시설의 투자자본, 임차료, 관리비 등의 절감 가능
	서비스상의 장점	- 일관운송서비스에 따른 고객서비스 및 매출 증대 - 계획운행 가능 - 높은 안정성 - 내륙지역가지의 운송망 보유 - 유리한 운임할증제도 - 내륙에서 중장거리로 들어갈수록 효율적인 운송가능
단 점	시설상의 단점	- 항만 내 적정시설 마련의 어려움
	회수의 어려움	- 화물 운송과정에서 문제 발생 시 회수의 어려움
	높은 고정자산투자	- 철도와 항만시설의 높은 고정비 투자

출처: 전동한(2016), "중국 열차페리 타당성 연구 – 물류관점", 「물류학회지」 제26권 제4호,
pp. 108-109.

---

61) 전동한(2016), "중국 열차페리 타당성 연구 – 물류관점", 「물류학회지」 제26권 제
4호, pp. 108-109.

그러나 열차페리 운송에 필요한 적정 시설이 마련되어야 한다는 점, 운송화물의 불균형으로 인한 문제 발생 시 화물과 열차, 컨테이너 등 회수의 어려움 그리고 철도와 항만시설에 막대한 고정비가 소요될 수 있다는 단점도 있다.

2) 한중 열차페리 추진 현황

앞서 언급한 열차페리의 장점을 활용한 한중 열차페리 운항에 대한 연구가 진행 된 바 있다.[62] 2002년 한국과 중국은 「한중 열차페리 운항에 대한 양해각서」를 체결한 바 있지만 2004년 건설교통부(현 국토교통부)와 한국철도기술연구원의 연구결과 한중 열차페리의 경제적 타당성과 현실적 사업 시행 가능성이 낮다는 결론을 얻어 사업이 중단되었다. 하지만 2013년 유라시아 이니셔티브 전략이 발표되면서 이에 대한 논의가 다시 시작됐다. 중국 역시 2011년 한중 열차페리 거점 지역으로 옌타이(烟台)를 지정했다. 한중 열차페리는 인천항에서 운항할 경우 약 12시간, 평택항에서 운행할 경우 약 14시간 정도 소요되어 수송기간을 대폭 절감할 수 있을 것으로 예상하고 있다. 더욱이 옌타이에서 다롄(大连) 간 열차페리가 이미 운행되고 있어 옌타이항을 경유하여 중국횡단철도(TCR)와 다롄을 통해 중국 동북지역으로 운송이 용이할 것으로 예상되지만 항만의 인입선 공사비와 선박투자비 등의 구체적인 협의는 이루어지지 않고 있는 상황으로 한중 간 열차페리 운항이 실현되기까지는 긴 시간이 필요해 보인다.

---

62) 이진태(2007), "초고속 열차페리 현황과 전망", 한국해양연구원 열차페리정책세미나 자료.

표 4.5 한중 열차페리 복합운송 협상

년도	내용
1996년	중국의 선박과학연구센터(CSSRC, China Ship Scientific Research Center)에서 '인천 - 옌타이 - 중국 횡단철도를 연결하는 철로 - 해상의 복합수송방안'이 처음으로 연구
1998년	한·중 정상회담에서 열차페리(Rail Ferry)첫 논의 / 한·중 철도교류협력 체결
2002년	한국의 건설교통부와 중국 철도부가 '한·중열차페리 시스템 구축'위한 MOU (양해각서)를 체결
2011년	경기도·산동성 '경기-산동 간 공동선언문'채택 : 한·중 열차페리 사업건설에 적극논의

출처: 박종은, 송양호(2016), "중국의 일대일로 활용에 따른 한중 복합운송 규정의 통일 필요성에 관한 연구", 「법학연구」 제50집, p. 294.

나. 한중 카페리 운행

1) 한중 카페리 운항

한중 간 교역이 증가함에 따라 운송비용, 운송시간, 운송비용의 효율성 향상이 요구되고 있고 사회기반시설의 확충을 통한 운송 과정의 개선이 끊임없이 이루어지고 있다. 이러한 요구가 반영되어 한중 간 물류운송은 주로 컨테이너선을 활용한 해상운송, 항공을 이용한 항공운송 그리고 카페리를 활용한 해상과 육상의 복합운송이 주를 이루고 있다.

서해안 권역의 한중 카페리 항로는 1992년 8월 24일 한국과 중국의 국교 정상화 이전인 1990년도 인천 - 웨이하이 노선을 시작으로 2014년에 추가된 평택 - 옌타이 노선까지 현재 한중 간 운행하는 카페리 운항은 14개 카페리사의 16개 항로가 운행 중이며 인천과 평택을 중복으로 기항하고 있는 중국내 항만은 웨이하이, 옌타이, 롄윈강(连云港)이며 인천과 군산을 중복으로 기항하고 있는 중국내 항만은 스다오(石岛)이다. 주로 주 2-3회 운항하고 있으며 운항시간은 항로에 따라 차이가 있지만 대략 12시간에서 25시간 정도 소요된다. 총 운송량은 약12,304톤에서부터 29,554톤에 이르며 카페리 규모에 따라 수송능력은 여객이 348명에서 1,000명, 화물은 145TEU에서 325TEU정도 된다.[63] 그러나 2016년 한중 카페리 항로 개설 이후 국내 최초로 도입 된 신규 카페리인 화동명주 8호가 취항에 들어가면서 한중 카페리 운항은 더욱 확대되었다. 화동명주 8호는 2014년 중국 조선소와 건조계약을 맺고 2016년 8월 인도되어 10월 10일 인천항에 첫 입항한 선박으로 여객정원은 1500명, 화물정원은 376TEU로 기존 화동명주6호 보다 약 2배가량 더 추가로 운송할 수 있다.

인천-웨이하이 간 한중 카페리 운항 선박의 증설에 이어 2018년 1월 17일~18일 한국 해운수산부와 중국 교통운수부는 중국 쿤밍에서 제25차 한중 해운회담을 개최하여 한중 항로를 점진적으로 개방하기로 합의하여 한중 항로 개방을 위한 협력사항과 카페리 항로 개설 등을 논의한 바 있다. 본 한중 해운회담에서는 군산-스다오(石岛) 간 카페리 항로에 선박을 추가 투입하기로 합의함에 따라 현 주3항차에서 주 6항차로 운행 횟수를 증가시킬 예정이다.[64]

---

63) 전동한(2016), "한중 열차페리 타당성 연구", 「물류학회지」 제26권 제4호, p. 113.
64) 경북일보(2018.01.21), "한중 항로 점진적 개방, 카페리 추가 투입".
   〈http://www.kyongbuk.co.kr/?mod=news&act=articleView&idxno=1015341〉
   (방문일자: 2018.01.30)

표 4.6 한중 카페리 복합운송 현황

구분(항로수)		항로 개설일	항차 수(주)	G/T	정원 (여객)	적재		항해 거리	항해 시간
						(TEU)	차량		
인천 (10)	웨이하이 (威海)	1990.09.15	3	26,463	731	295	124	238	14
	톈진 (天津)	1991.12.24	2	26,463	800	274	72	460	25
	칭다오 (靑島)	1993.05.22	3	29,554	660	325	52	338	16
	다롄 (大連)	1995.10.07	3	14,614	510	145	–	285	14
	단둥 (丹東)	1998.07.24	3	16,537	800	175	25	284	14
	옌타이 (烟胎)	2000.10.10	3	16,071	392	293	–	267	15
	스다오 (石島)	2002.07.26 (화동명주6호)	3	19,534	1,000	253	–	220	14
		2016.10.10 (화동명주8호)	3	–	1,500	376	–	220	11
	잉커우 (營口)	2003.01.04	2	12,304	394	228	–	435	26
	친황다오 (泰皇島)	2004.04.16	2	12,304	348	228	–	405	23
	롄윈강 (連雲港)	2004.12.31	2	16,071	392	293	–	396	24
평택 (5)	룽청 (榮成)	2001.10.17	3	25,151	720	267	35	210	12
	롄윈강 (連雲港)	2007.11.11	2	14,991	668	192	–	396	21
	웨이하이 (威海)	2009.06.20	3	24,112	750	214	–	238	14
	르자오 (日照)	2011.02.10	3	25,318	473	280	–	385	19.5
	옌타이 (烟胎)	2014.07.01	3	24,418	523	280	–	264	14
군산 (1)	스다오 (石島)	2008.04.09	3	17,022	750	203	–	210	12

출처: 박성은(2016), "한중 카페리FTA 체결에 따른 카레리선사의 발전방안", 인하대학교
석사논문, p. 23.

그림 4.7 한중 카페리 연연 여객(명) 현황

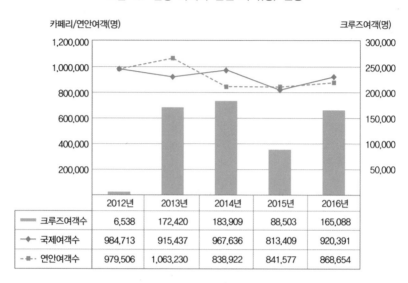

	2012년	2013년	2014년	2015년	2016년
─── 크루즈여객수	6,538	172,420	183,909	88,503	165,088
─◆─ 국제여객수	984,713	915,437	967,636	813,409	920,391
‑■‑ 연안여객수	979,506	1,063,230	838,922	841,577	868,654

출처: 2017년 인천항 주요 통계자료를 바탕으로 저자 작성.

그림 4.8 한중 카페리 컨테이너 물동량 현황

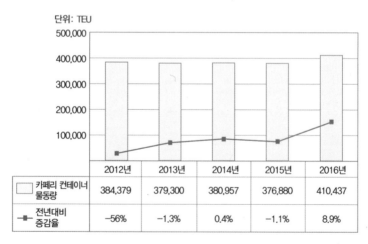

	2012년	2013년	2014년	2015년	2016년
☐ 카페리 컨테이너 물동량	384,379	379,300	380,957	376,880	410,437
─■─ 전년대비 증감율	-56%	-1.3%	0.4%	-1.1%	8.9%

출처: 2017년 인천항 주요 통계자료를 바탕으로 저자 작성.

표 4.7 인천항의 교역 국가별 물동량 현황

(단위: RT, %)

교역 국가	2014년			2015년			2016년		
	물동량	비중	증감률	물동량	비중	증감률	물동량	비중	증감률
합계	150,083,888	100.0	2.7	157,623,769	100.0	5.0	161,304,161	100.0	2.3
교역국 소계	118,062,787	78.7	4.8	123,524,797	78.4	4.6	125,192,471	77.6	1.4
중국	29,612,349	19.7	5.3	31,630,007	20.1	6.8	34,366,296	21.3	8.7
호주	10,253,347	6.8	26.3	11,647,510	7.4	13.6	12,348,828	7.7	6.0
카타르	10,546,877	7.0	3.7	15,161,282	9.6	43.8	11,795,363	7.3	△22.2
인도네시아	10,335,078	6.9	19.3	7,934,661	5.0	△23.2	8,624,970	5.3	8.7
미국	6,001,980	4.0	67.3	5,532,614	3.5	△7.8	6,119,514	3.8	10.6
베트남	3,848,926	2.6	25.5	4,630,928	2.9	20.3	5,126,655	3.2	10.7
이란	26,352	0.0	△79.6	1,103,343	0.7	4,086.9	5,004,188	3.1	353.5
말레이시아	4,392,374	2.9	△27.1	4,355,278	2.8	△0.8	4,514,747	2.8	3.7
러시아 연방	3,789,814	2.5	21.7	4,673,690	3.0	23.3	4,402,341	2.7	△5.8
일본	3,928,748	2.6	△12.6	4,591,222	2.9	16.9	4,300,392	2.7	△6.3
오만	2,331,964	1.6	△9.4	3,013,828	1.9	29.2	3,624,064	2.2	20.2
중화민국	1,522,526	1.0	14.6	1,580,287	1.0	3.8	2,035,190	1.3	28.8
태국	2,115,284	1.4	14.0	2,121,814	1.3	0.3	1,898,944	1.2	△10.5
캐나다	2,105,553	1.4	△5.7	2,662,823	1.7	26.5	1,661,671	1.0	△37.6
뉴질랜드	1,610,613	1.1	△3.2	1,627,824	1.0	1.1	1,656,621	1.0	1.8
Others	25,641,002	17.1	△6.8	21,257,686	13.5	△17.1	17,712,687	11.0	△16.7
연안화물	32,021,101	21.3	△4.3	34,098,972	21.6	6.5	36,111,690	22.4	5.9

출처: 인천항만공사, 2017년 인천항 주요 통계자료를 바탕으로 저자 작성.

한중 카페리 운항이 증설되는 이유는 최근 카페리의 경제적 효율성으로 물동량이 증가 추세에 있기 때문이다. 인천과 웨이하이 간 한중 카페리 운항실적은 2015년 다소 약세를 보이긴 했으나 2016년 회복세를 보였다. 크루즈 여객수는 2015년 88,503명에서 2016년 165,088명으로 증가, 국제 여객수는 813,409명에서 920,391명으로 증가하였고 컨테이너 물동량 역시 2015년 376,880TEU에서 2016년 410,437TEU로 전년대비 8.9% 증가하였다.

특히 2017년 인천항만공사 통계자료에 따르면 인천항의 교역 국가별 전체 물동량 중 중국의 비중이 가장 높게 나타났으며 2014년 19.7%

표 4.8 인천-중국 주요 도시 간 물동량 현황

(단위: TEU)

구분		2012년	2013년	2014년	2015년	2016년
1 터미널	다롄(大連)	21,181	21,422	20,750	13,989	18,435
	단둥(丹東)	21,443	29,783	27,544	28,126	24,874
	옌타이(烟胎)	34,139	37,739	46,190	40,261	40,181
	스다오(石島)	42,265	47,326	50,510	46,795	56,014
	잉커우(營口)	31,048	24,190	26,196	25,059	26,775
	친황다오(泰皇島)	26,544	30,390	25,656	30,175	34,781
	소계	176,620	190,850	196,846	184,405	201,060
2 터미널	웨이하이(威海)	60,472	64,518	64,549	62,280	67,648
	칭다오(青島)	62,104	71,091	71,012	62,665	62,520
	톈진(天津)	35,306	5,810	4,315	24,829	31,733
	롄윈강(連雲港)	49,896	47,031	44,235	42,701	47,476
	소계	207,777	188,450	184,111	192,475	209,377
합계		384,397	379,300	380,957	376,880	410,437

출처: 2017년 인천항 주요 통계자료를 바탕으로 저자 작성.

에서 2016년 21.3%로 증가한 것으로 나타났다.

인천항에서 중국으로 운송하는 화물의 경우 스다오(石島)와 웨이하이(威海)로 운송하는 물동량이 가장 많은 물동량을 차지하고 있다.

스다오항은 행정구역상 웨이하이에 속하므로 웨이하이항 물동량과 합산했을 경우 인천과 웨이하이는 다른 지역에 비해 월등히 높은 교역량을 보이고 있고 있다.

한중 FTA 지방경제협력 시범도시로 지정된 인천과 웨이하이 간 교역량이 한중 FTA 체결 이후 증가하고 있고 카페리 운항 노선 증설 등의 추세로 볼 때 인천-웨이하이 간 해상복합운송의 활용은 더욱 활성화 될 것이다.

그림 4.9 인천-중국 주요 도시 간 물동량 현황

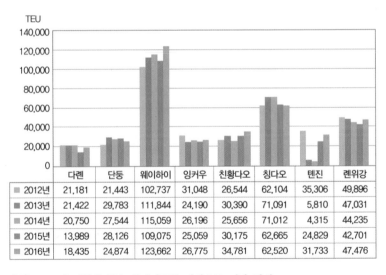

TEU	다롄	단둥	웨이하이	잉커우	친황다오	칭다오	톈진	롄위강
2012년	21,181	21,443	102,737	31,048	26,544	62,104	35,306	49,896
2013년	21,422	29,783	111,844	24,190	30,390	71,091	5,810	47,031
2014년	20,750	27,544	115,059	26,196	25,656	71,012	4,315	44,235
2015년	13,989	28,126	109,075	25,059	30,175	62,665	24,829	42,701
2016년	18,435	24,874	123,662	26,775	34,781	62,520	31,733	47,476

출처: 2017년 인천항 주요 통계자료를 바탕으로 저자 작성.
자료설명: 웨이하이 통계는 스다오(石島)와 웨이하이 물동량을 합산한 수치임.

다. 해상철도 복합운송

인천과 웨이하이는 지리적으로 가장 가깝기도 하지만 웨이하이시에서 운행되고 있는 물류 방면의 시범사업은 인천과 웨이하이 간 교역을 더욱 활성화 시키는 요인이 될 것이다. 인천과 웨이하이 간 열차페리 운행은 양국 간 협의가 진행 중에 있어 단기간 내에 실현 가능성은 낮아 보인다. 따라서 현재 상황에서 해상복합운송(Sea-Rail) 방식을 활용한 운송방식을 적극 모색해 볼 필요가 있다.

1) 컨테이너 운송열차 개통

2017년 9월 1일 쿤밍(昆明)에서 출발하여 웨이하이시 웨이팡 서역을 거쳐 원덩(文登)역까지 연결되는 X89033 콜드체인 운송열차가 개통되었다.[65] 원덩역까지 운송된 신선제품들은 웨이하이 해관 검사를 거쳐 웨이하이항, 스다오항, 롱옌항을 통해 한국과 일본으로 수출 된다. 40피트 냉장 컨테이너 24개를 운반할 수 있는 콜드체인 운송열차를 이용할 경우 도로운송비의 30%를 절감할 수 있는 효과가 있어 한중 간 신선제품 교역에 도움이 될 것으로 보인다.

이어 9월 5일에는 웨이하이 원덩(文登)역에서 출발하여 독일 함부르크까지 직행하는 컨테이너 국제화물열차인 중국－EU열차(海铁联运中欧班列)가 정식 개통되어 한국에서 중국 철도운송을 이용하여 중앙아시아와 유럽, 동남아시아까지 화물 운송이 가능하게 되었다.[66] 9월 1

---

65) x89033 열차는 산동(山东), 장수(江苏), 안휘(安徽), 장시(江西), 허난(河南), 후베이(湖北), 후난(湖南), 꾸이저우(贵州), 윈난(云南) 등 9개 성(省)을 지나며 총 3609 km, 총 운행시간은 82시간 임.
66) 凤凰网(2017.09.07), "威海：x89033次冷链运输班列由潍坊西站抵达文登火车站".

일 개통된 콜드체인 운송열차와 9월 5일 개통된 컨테이너 국제화물열차에 이어 11월 3일에는 웨이하이와 한국을 연결하는 국제컨테이너운송열차(海铁联运跨境集装箱运输班列)가 개통되었다. 국제컨테이너운송열차는 2017년 1월 4일 인천과 산동성 칭다오 쟈오저우(青岛胶州) 간 첫 개통을 시작으로 국제컨테이너운송열차 노선을 증편하여 개통한 것으로 동남아시아로 연결이 용이해져 시간과 비용의 절감 효과를 볼 수 있게 되었다.

2) 해운 EMS 국제특송 개통

2016년 6월 1일 한중 해상 EMS 수출 업무가 정식 개통됨에 따라 임강경제기술개발구(临港经济技术开发区)의 국제물류단지에 국제특송센터가 마련되어 한중 해운 EMS(中韩海运EMS速递邮路) 수출입이 가능해 졌다. 이는 한중 FTA 체결을 논의하던 2015년 7월 양국 국제전자상거래를 활성화하기 위해 인천과 웨이하이 간 해상 EMS 수입 업무를 시범적으로 시행하기로 협의한 이후 2016년 2월 24일 시범운행 한 수출업무를 더욱 발전시킨 것이다. 한중 양국 간 해상 EMS 국제특송 서비스를 시작한 이후 한중 국제전자상거래 화물운송 원가를 70% 정도 절감할 수 있게 되었다.[67] 특히 국제전자상거래 플랫폼에서 구매한 상품이 해상 EMS로 운송되어 웨이하이에 도착 한 후 콜드체인 운송열차, 국내 컨테이너 국제화물열차인 중국 – EU열차를 이용하여 중국 각 지역과 일대일로와 연결된 국가로 운송이 가능하게 되었다.

〈http://news.ifeng.com/a/20170907/51910747_0.shtml〉(방문일자: 2018.01.30)

67) 웨이하이시 인민정부, 2016年威海海关跨境电商出口居全省首位.
   〈http://www.weihai.gov.cn/art/2017/1/9/art_16952_852592.html〉(방문일자: 2018.01.30)

그림 4.10 웨이하이의 대한국 국제전자상거래 수출입 현황

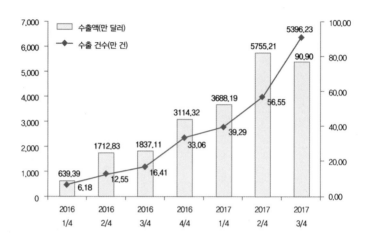

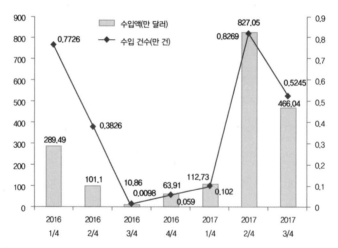

출처: 刘文(2017), "中韩跨境电商发展比较研究,威海对韩跨境电商发展研究",
2017 中韩 FTA 地方经济合作论坛 자료집 재구성.

2016년 11월 16일 산동성 정부는 웨이하이시를 산동성 국제전자상거래 종합시험구로 지정하여 한중 FTA 경제협력 시범도시로서 서비스교역 발전의 기반을 마련해 가고 있다. 2017년 상반기 데이터에 따르면 웨이하이의 국제전자상거래 수출입 성장률은 380% 성장 한 것으로 나타났다. 연도별 실적에서도 많은 성장을 하였는데 국제전자상거래 수출액은 2015년 1천 776만 달러, 2016년 7천 303만 달러, 2017년 3분기까지 1조 4839만 달러였고 수입액은 2015년 128만 달러, 2016년 465만 달러, 2017년 3분기까지 1천 406만 달러를 수입한 것으로 나타났다. 웨이하이시의 국제전자상거래 교역 증가로 물동량은 꾸준히 증가할 것으로 예산되며, 웨이하이의 해상복합운송 시스템을 활용한 거래는 더욱 증가할 것으로 기대된다.

제**5**장
한중 지방경제협력에 대한 시사점

1. 한중 지방경제협력 대응전략
2. 인천-웨이하이 시범사업 이행전략
3. 한중 FTA 추가협상 전략

1. 한중 지방경제협력 대응전략

가. 지방정부의 대외경제협력

　한중 FTA 체결은 중국과의 경제교류의 활성화는 물론 지리적으로 인접한 두 국가의 심리적 거리를 더욱 가깝게 만들었다. 더욱이 한중 FTA 경제협력 챕터에 양국의 지방정부 간 경제협력 조문이 삽입된 것은 양국 지방정부 간 경제협력에 있어 의미가 남다르다. 한국은 중앙정부의 경제발전 정책에 따라 지방정부가 일사분란하게 그 정책을 수행하여 지금의 경제발전을 일구었다 해도 과언이 아니다. 또 국가의 경제발전이 곧 지방의 경제발전이라는 개념으로 국가의 경제와 지방의 경제를 분리하지 않았다. 이러한 이유로 지방정부 차원의 대외교류는 매우 소극적으로 이루어 졌으며, 인적교류나 행정교류가 주를 이루었다. 이러한 배경 하에서 한중 FTA 조문 하나가 지방정부의 대외교류의 범위를 확장 시켰을 뿐만 아니라 지금까지 사문화되다시피 했던 지방정부 대외교섭권의 활성화에도 기여하고 있다.

　대외협력이나 정책이행에 있어 지방정부의 역할 강화는 중앙정부 차원의 거시적 경제정책에 따른 사회경제발전이 한계에 달한 시점에서 중요한 의미를 지닌다. 국가의 경제발전이 한계에 부딪히게 되면, 이러한 한계를 타 국가에 대한 보호주의로 표출하게 된다. 이때 국가는 국가 간 협상을 통해 보호주의에 따른 조치들을 완화하는 역할을 한다. 하지만 조정과 협의가 이루어져야 가능한 국가 간 협력은 그 조정 범위가 넓고 이해관계자가 많아 상호이익이 서로 충돌하기 쉽기 때문에 각 국가의 경제이익에 대한 조정과 합의를 통한 국가 간 경제협력은 점점 어려워지고 있다. 따라서 그 조정과 합의의 과정에서 많은 비용과 시간 투입이 요구된다. 이에 따라, 경제협력의 효율성을 높이고 경제협력사업의 이행을 보장하기 위하여 지방정부 차원의 경제협력 대안이 필요한 것이다. 다시 말해, 경제협력의 범위를 국가보다 작은 지방으로 줄이고, 협력주체를 정치·외교적 이해관계에서 비교적 자유로운 지방정부로 낮추어 경제협력을 진행하는 것이다.

한국은 이러한 지방경제협력을 90년대 초 지방자치시대를 열면서 적극적으로 시도한 바 있다. 당시 한중일을 중심으로 양자보다는 다자 경제협력을 시도하였다. 다자도시 간 경제협력을 위해 협의체를 구성하고 조직을 중심으로 경제협력을 논의한 시도는 매우 적절했다고 판단된다. 하지만 다자 간 경제협력이 지속되지 못한 것은 몇 가지 이유가 있다. 우선, 한국의 지방 경제와 정부 차원에서만 보면, 경제교류협력에만 초점이 맞춰져 있었지 어떤 분야에 어떻게 경제협력을 진행해야 하는지에 대한 논의가 성숙되어 있지 않았던 것으로 판단된다. 지방경제협력의 가장 큰 장점은 중앙정부 차원에서 각 지방정부의 특색을 반영한 경제협력 정책을 펼치기가 어렵다. 하지만 지방정부 차원에서 실시되는 경제협력은 각 지방의 자원 및 인적자원, 지정학적 위치, 주요 산업현황 등을 파악하여 상대국 협력 지역을 선택할 수 있어 지역의 특색을 살린 사업을 협력지역과 진행할 수 있다는 것이다. 중국의 지방기업 해외진출 정책이 이러한 원칙에 근거하여 이행되었다. 여러 협력국 중 자원, 기술, 노동력 등의 생산요소가 우세한 국가와 지역을 분류하고, 각 지방 산업 및 기업의 수요에 근거하여 해외진출을 진행했다. 물론 원만한 이행을 위해서 양 국가의 중앙정부 및 지방정부의 적극적 지원이 필수적이긴 하지만, 그 보다 지방 기업의 대내외환경을 분석하고 숙지하는 것이 우선인 것이다. 따라서 지방정부 차원의 대외경제협력의 성공적 이행을 위해서는 당해 지역의 산업구조, 경제발전 정도, 지역 기업의 우세, 지역 기업의 수요, 협력국 지방정부의 수요 및 우세에 대한 분석과 이해의 선행이 필요하다.

다음으로 지방정부 간 상호 공동 이익이 집적될 수 있도록 산업클러스터 건설이 필요하다. 한중 FTA 경제협력 챕터에도 이러한 점을 반영하여 한중 공업원을 건설한다고 협의하고 있다. 협상이 끝난 후에 새만금이 한중 공업원 건설 부지로 확정이 되기도 했다. 인천과 웨이하이 지방정부 간 진행되고 있는 경제협력도 협력 도시 안에서도 특정 지역 내에서 실시되고 있는 것을 볼 수 있다. 웨이하이는 한중 FTA 체결에 따라 양국 지방경제협력이 활성화되기 훨씬 이전부터 한중일 지방경제협력시범단지가 마련되어 있었다. 인천도 경제자유구역을 기반으로 경제협력이 이루어 질 것으로 기대된다. 이를 통해서 산업클러스터 내 가치사슬을 형성할 수 있도록 하고, 정부의 지원 정책도 집중할 수 있다.

대외지방경제협력의 성공적 이행을 위해서는 지방정부의 적극적이고 지속적 노력이 필요하다. 한국과 중국이 FTA를 체결하면서 유래 없이 한중지방경제협력이라는 조문이 짧게라도 삽입되고 그에 더해 '웨이하이'라는 중국 변방의 작은 도시 이름이 포함될 수 있었던 것은 웨이하이 지방정부의 노력이 있었기에 가능했다고 판단된다. 웨이하이 시 정부는 2000년 후반부터 FTA 체결 전까지 지속적으로 한중 자유무역구 건설에 관한 산관학 연합연구, 연석회의 학술회의 등을 적극적으로 개최하여 한중 자유무역구 건설에 대한 웨이하이 시의 적극성을 한국과 중국에 알렸다. 뿐만 아니라 매 한중 FTA 협상에도 웨이하이 시 정부 인원을 파견하여 협상에서 웨이하이 시 의견이 반영되도록 노력했다. 이처럼 대외경제협력은 그 주체가 중앙정부라 하더라도 어느 정도의 시간과 노력이 필요하기 마련이다. 한국의 정치적 상황을 고려하면 정책을 지속적으로 유지하면서 이행하는 것이 쉬운 것은 아니기에 대외협력 분야에 있어서는 더 많은 노력과 시간이 필요하다는 것을 인지해야 한다.

나. 한중 지방경제협력

한중 FTA에 근거한 지방경제협력은 크게 두 가지 형태로 이루어진다. 제17.25조에 따른 지방경제협력과 제17.26조에 따른 한중 산업단지/공업원 건설이다.

1) 지방경제협력

지방경제협력은 제17.25조에 명시된 바와 같이 한중 지방경제협력에 있어서 '모범적이고 선도적 역할'을 하는 것이 핵심이다. 그 선두에 한국의 인천시와 중국의 웨이하이시가 있다. 한중 FTA 지방경제협력 조항의 내용만 놓고 보면, 지방정부의 모범적이고 선도적 역할을 촉진하기 위하여 경제협력에 관한 결정권을 지방정부에 이양하고 있다. 하지만 그 결정권이 지방정부에 이양되어 있다하더라도 중앙정부의 결정 없이 지방정부의 결정만으로 한중 지방정부 간 할 수 있는 협력 사업은 매우 제한적일 수밖에 없는 것이 현실이다. 그럼에도 불구하고 지방정부 간 적극적 노력과 다양한 사업의 추진을 통해서 양국의 중앙정부의 협조를 구할 필요가 있다.

이에 따라 인천시와 웨이하이시는 이미 경제협력강화협의서 체결을 통해서 다양한 분야의 경제협력에 대한 의견을 교환했다. 인천과 웨이하이는 그 지정학적 위치로 두 도시의 교역이 매우 활발히 일어나고 있다. 앞서 교역 구조에서도 알 수 있듯이 인천에서 웨이하이로 들어가는 수출품은 전기전자 제품과 원자재를 제외하고 최근 증가하는 품목은 식품, 화장품, 수산물 등이다. 이러한 품목들은 생산기업의 규모가 크지 않고, 중국의 비관세장벽 또한 비교적 높은 편이다. 따라서 향후 한중 지방경제협력의 핵심은 이러한 비관세장벽을 낮출 수 있고 한중 기업 간 교역이 비교적 편리한 제도 환경을 만들어 주는 경제협력 사업이 핵심이 될 것이다.

지금까지 경제협력의 개념은 주로 상품, 사람, 기업 등의 물리적 교환 또는 이동 등이었지만, FTA가 기반인 한중 지방경제협력은 여기서 한 단계 더 나아간 협력의 형태로 볼 수 있다. 생산요소 간 이동의 자율성이 어느 정도 보장되는 환경에서 더 편리하고 빠르게 이동 할 수 있도록 제도 환경을 개선하도록 하고 있다. 급격한 제도 환경의 변화는 협력 지방뿐만 아니라 협력국가의 안정성을 해칠 수 있으므로 제도적 협력과 통합은 점차적으로 이루어지는 것이 바람직하다. 중국은 일찍이 홍콩과 마카오, 그리고 대만과의 제도통합을 위해서 앞서 언급한 '선행선식(先行先试)'제도를 활용하고 있다. 이 제도는 시범사업을 실시할 때도 유용하게 활용되고 있다.

한중 지방경제협력 시범사업에 있어서도 이 선행선식 제도를 활용할 필요가 있다. 다만 중국의 선행선식 제도는 중국 특유의 제도적 시험 메커니즘으로 한국의 제도 환경에 적용하기에는 국내 관련 기관 및 중앙, 그리고 다른 지방 정부와의 협의가 필요한 점을 간과해서는 안 된다. 중국의 선행선식제도는 중앙정부의 강력한 지원 하에서 지방정부에게 강력한 이행권한을 제공하고 있다. 특별법률 형태의 이행법률을 제정하여 지방정부의 권한 하에서 시험적 제도의 실시가 가능하다. 하지만 한국은 특정제도의 선행선식을 이행하고자 하더라도 근거 법률이 마련되어 있지 않다면 시험적으로라도 이행이 불가능한 문제가 있다. 따라서 단기간 내에 지방경제협력의 성과를 거두기 위해서는 현행 제도 하에서 이행이 가능한 정책을 고안하는 것이 우선적 과제이다. 또한 이행을 위한 이행협의체를 구성해야한다. 제도적 협력을 위해서는 관련 국내외 기관 간의 합의가 반드시 필요하기 때문에 이행협의체를 구성하고 정기적 회의를 진행할 수 있는 플랫폼을 만들 필요가 있다.

2) 한중 산업단지/공업원

한중 FTA에 근거한 지방경제협력의 두 번째 형태는 한국과 중국의 특정 지방도시에 한중 산업단지/공업원을 건설하는 것이다. 한중 산업단지는 한중 지방경제협력과 달리 한중 FTA 협정문에 협력 도시가 명시되진 않았다. 하지만 협상이 마무리되자마자 2015년 6월 한국의 한중 산업단지건설 지역으로 새만금이 단독 결정 된 바 있다. 중국도 한국과 거리 상 가까운 지역인 동부 연해 지역의 지방정부를 중심으로 한중 산업단지 건설을 위해 적극적으로 의사를 표시했다.[68] 중국 정부는 그 중 산동성 옌타이(烟台), 장수성 옌청(盐城), 광동성 후이저우(惠州)를 각각 한중 FTA에 근거한 한중산업원 조성 지역으로 선정한 바 있다.

FTA 체결 당시 중국 지방정부의 적극적 태도로 중국 내 한중 산업단지 조성은 상당히 빨리 진행될 것으로 예상되었으나 중앙정부의 승

---

[68] 옌타이시, 옌청, 온조우, 다리옌, 옌비엔, 총칭 등은 앞 다투어 한중 산업단지 건설 계획안을 발표했다. 윤성혜(2015), "한중 자유무역협정(FTA) 상 경제협력 이행에 있어 국제법적 쟁점과 함의: WTO 보조금협정을 중심으로", 「중국법연구」제24집, p. 348.

인이 연기되면서 지지부진한 상태를 보였다. 2017년 12월 국무원은 이들 3지역에 대해 한중 산업원 건설 사업을 승인하고 한중 FTA의 관련 규정을 적극 이행하도록 했다. 이에 따라, 중국 내 한중 산업단지 건설은 다시 활기를 찾을 것으로 기대하고 있다.[69)]

한국 국내 한중 산업단지 건설을 위해 국내에서도 다양한 노력이 시도되고 있고, 중국의 관련 도시와도 빈번히 접촉이 이루어지고 있다. 새만금 지역을 중심으로 추진하고 있는 한중 산업단지 건설은 기반시설이 구축되어 있는 상태가 아니기 때문에 단기간에 협력의 성과를 보기가 힘든 사업이다. 따라서 몇 단계를 걸쳐서 협력을 심화시키는 것이 필요하다. 이러한 이유로 초기에는 기반시설 구축을 위한 중국 측 협력파트너를 찾고자 노력을 기울였다. 이는 초기 중국의 해외진출(走出去)형 지방경제협력의 형태와 매우 유사하다. 특히 중국 기업이 아프리카 등 진출 시, 경제협력을 위한 기반시설 구축 사업에 투자를 집중한 것을 볼 수 있다. 이와 같은 경우, 사업이 성공적으로 이루어질 수 있도록 양국의 중앙정부는 물론이고, 사업이 실제 이행되는 지방정부의 적극적 우대정책이 중요한 투자 요인이 되었다. 중국의 경험을 바탕으로 새만금 한중 산업단지 건설에 있어서도 다양한 정책적 혜택을 부여했다. 그럼에도 불구하고 중국 측 투자자를 찾기가 쉽지 않았다. 표면상 드러나는 몇 가지 요인을 살펴보면 다음과 같다.

우선, 중국 투자자 모집에 지나치게 의존했다. 중국 기업의 해외진출, 특히 기반시설 투자 사업의 사례를 보면, 중국 측의 단독투자 보다는

---

69) 아시아투데이(2017.12.18), "중 국무원, 염성 등 한중산업단지 3곳 승인...한중 경협 속도 낼 듯".
〈http://www.asiatoday.co.kr/view.php?key=20171218010008637〉 (방문일자: 2018.02.12)

협력의 의미에 맞게 합자의 형식으로 사업이 진행된 것을 볼 수 있다. 중국 측 투자자와 협력 지역의 투자자가 공동으로 투자하여 하나의 투자회사를 설립하고 기반시설 구축사업을 전담했다. 하지만 새만금 한중 산업단지 건설은 중국 측 투자유치에 의존하다 보니 자국의 투자자 모집에 소홀히 한 면이 없지 않다. 더욱이 중앙정부나 지방정부가 제공하는 투자자에 대한 우대 정책이 외국투자자에게만 적용되다보니 자국 투자자에 대한 역차별 비판까지 받게 되었다.

다음으로 중앙정부 주도로 사업이 진행되어 지방정부간 협력이 이루어지기 힘든 환경이었다. 그렇다 보니 산업단지 건설에 있어 지방정부의 적극적인 협력을 이끌어 내지 못 했다. 중앙정부 주도의 사업은 투자에 대해 안정성과 신뢰를 준다는 점에서 분명히 이점이 있다. 하지만 투자자를 유치하는데 있어 한계가 있다. 산업단지를 건설한다는 것은 단순히 기업을 유치하는 차원이 아니다. 중국이 해외진출 사업에서 나타난 바와 같이 기업의 거점이 국내에서 해외로 이동하고 그와 동시에 그 기업이 해외에서 살아남을 수 있도록 산업 밸류체인이 함께 이동하여 하나의 산업단지를 구축하는 것이다. 물론 지방의 기업이나 산업이 해외의 산업단지로 거점을 이동한 것은 중앙정부의 '해외진출 정책'에 따른 것이기도하고 기업 스스로의 필요에 의해서 해외로 거점을 이동한 것이기도 하다. 하지만 기업이 투자 리스크를 안고 해외로 이전할 수 있도록 기반을 마련한 지방정부의 역할도 배제할 수 없다. 지방정부 간에는 오랜 기간 동안 경제협력 차원이 아니더라도 인적교류나 문화교류 등으로 어느 정도의 관계와 신뢰를 쌓아 왔고 두 지역에 대한 각자의 이해도도 높은 편이기 마련이다. 협력지역의 산업 분포, 산업 간 경쟁력, 지리적 이점 등을 비교적 잘 파악하고 있는 지방정부 간 산업협력은 단발성으로 투자자를 모집하는 것보다 효율적일 수 있다.

따라서 중앙정부 차원에서 우대혜택 및 산업단지에 대한 핵심적 정책이 결정 되었다면, 지방정부 차원에서 협력할 수 있는 여지를 만들어야한다. 산업단지 형성이 곧 지역의 경제발전에 직접적 연관이 있다는 점을 주지하고, 지방정부 차원에서 지금까지 중국의 자매 도시와 쌓아왔던 신뢰와 관계를 최대로 활용하여 경제협력의 단계로 교류를 발전시켜나간다. 이를 통해 점차적으로 산업단지를 형성해 갈 수 있도록 유도할 필요가 있다.

2. 인천-웨이하이 시범사업 이행전략

웨이하이의 산업구조에서 대외무역이나 제조업 분야는 주변 도시인 칭다오나 옌타이에 비해 비교우위를 가지고 있지 않는 반면 인천과 가장 근접한 지리적 입지는 한국과의 물류·유통 측면에서 우위를 가지고 있어 이 분야의 발전 잠재력은 크다. 따라서 웨이하이와 인천 간 지리적 입지를 활용하여 양국의 상생협력이 가능한 플랫폼을 구현할 수 있고 비관세장벽, 통관, 검역 등의 현안 문제를 해결할 수 있는 시범 협력 방안이 모색되어야 한다.

가. 상호인정 도입

한중 FTA 협상에 따라 관세 장벽은 점차 철폐되고 있는 반면 비관세 장벽은 증가하고 있는 추세이다. 최근 한국의 대중국 수출이 감소함에도 불구하고 인천시의 대중국 수출은 증가하고 있다. 그러나 공산품에 대한 CCC(China Compulsory Certificate; 중국강제인증제) 인증과 식품, 화장품, 의료기기에 대한 CFDA(중국국가식품감독관리국) 인증서 취득으로 발생되는 문제는 비관세 장벽을 유발하는 주요 원인으로 꼽히고 있다.[70] 유제품(HS코드 04012000)의 경우 유제품 생산 업체가 수출 신청 접수를 하고 수출이 가능한 인증을 받아 시스템에 등록하는 기간이 최소 6개월 이상 소요된다. CNCA(중국국가인증인가감독관리위원회)에서 수입되는 우유가 생산되는 생산설비를 비롯한 위생검사 등의 현지 실사를 통해 인증의 적합성을 평가하기 때문에 인증기간이 길고 인증 여부도 중국 인증기관에서 시행해야하기 때문에 비관세장벽으로 이용되고 있다.[71] 인천시 산업진흥과 관계자에 따르면 인천에서 많이 수출되고 있는 식품과 화장품 등의 중국 검역·인증, 위생허가 취득 절차가 까다롭고 발급받는 시간이 오래 걸려 교역의 걸림돌이 되고 있다고 지적하고 있어 비관세장벽을 극복 할 수 있는 대안이 필요하다.

인천과 웨이하이 간 지방경제협력 강화 합의서 제17장 제25조 시험결과 상호인정 항목에서 "양측은 무역 중에 발생하는 공산품(의료기기), 식품, 화장품 등에 대한 중복시험, 검사, 인증 등의 문제를 피하기 위하여 상대방 국가에서 실시한 시험, 검사, 인증 결과를 상호 인정할 수 있도록 노력한다"고 합의한 바 있고 2016년 웨이하이시 시행방안에도 검역의 상호인증제도에 대한 언급은 있지만 실제 시행에 관한 논의는 진행되지 않고 있다. 그러나 2장에서 본 바와 같이 웨이하이 한중

---

70) 정환우(2013), "중국의 비관세장벽과 한중 FTA 협상시사점: 기술무역장벽(TBT)과 위생 및 식물위생(SPS)을 중심으로", 「한중사회과학연구」 제28권, p. 95.
71) 중국경영인증컨설팅 대표이사 인터뷰 내용.

FTA 시행방안 서비스무역 자유화 부분에서 한국 인증기관이 인가한
검사측정 능력을 갖춘 기관의 지사 설립을 시험구에 설치 가능한 방안
을 모색할 것을 밝히고 있어 이 분야의 협력을 구체화 할 필요가 있다.
중국은 2008년 체결한 중-뉴질랜드 FTA에서 최초로 타국의 인증 결
과를 수용하는 데 합의함으로써 강제인증 관련 해외기관의 평가결과

그림 5.1 웨이하이 상호인정 프로세스

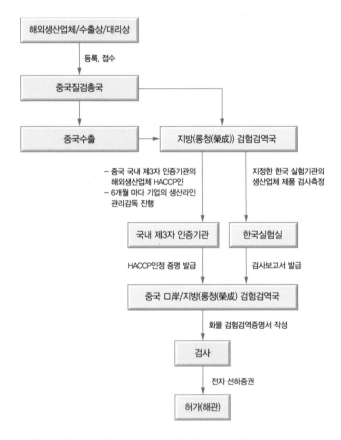

출처: 웨이하이시 상무부 자료를 활용하여 저자 작성.

수용한 사례가 있다.[72] 중국 검역국에서 인정한 한국의 검사 인증기관을 지정하여 한국에서 진행한 검사 결과를 웨이하이시 검역국에서 인정하는 시범사업으로 인천과 웨이하이 간 식품, 화장품, 의료기기 등에 대해 중국과 한국이 상호인정하는 인증기관을 설치함으로써 인천에서 웨이하이를 통해 수출입 되는 제품의 통관 절차가 간소화 된다면 교역의 활성화 및 시간과 절차를 감소시킬 수 있을 것으로 기대된다.

나. 해상복합운송

국제전자상거래가 활성화됨에 따라 인천-웨이하이 간 전자상거래 시장도 확대 되고 있다. 웨이하이시 상무국 통계에 따르면 2016년 웨이하이가 국제전자상거래를 통해 한국과 거래한 수출규모는 7,303만 6,500달러로 2015년도 대비 4.14배 증가하였으며 수입규모는 465만 3,600달러로 3.63배 증가한 것으로 나타났다. 2017년 상반기 통계 역시 국제전자상거래를 통한 수출이 9676만 달러로 3.1% 증가하는 등 웨이하이에서 한국으로 교역액 중 국제전자상거래를 통한 교역액이 증가하고 있다. 중국 국제전자상거래는 주로 B2B나 B2C를 통한 거래가 이루어졌으나[73] 웨이하이가 국제전자상거래 시범지역으로 지정되면서 B2B2C 국제전자상거래 모델이 확대될 것으로 예상되고 있다. 《산둥성 웨이하이 국제전자상거래 종합시험지역 건설 실시방안(山東省(威海) 跨境电子商务综合试验区建设实施方案)》으로 국제전자상거래를 할

---

72) 정환우(2013), 앞의 논문, p. 104.
73) 김세진, 김은미(2017), "대중국 역직구 활성화 방안에 관한 연구 - 신 통관정책을 중심으로", 「관세학회지」 제18권 제1호, pp. 213-233.

경우 인천과 웨이하이 간 국제전자상거래에서 B2B2C의 페리운송과 중국 내 택배 연계 운송이 가능하게 되었다. 해상운송은 기존 항공운송인 EMS보다 시간적으로 하루 정도 더 소요되는 반면 항공운송비의 30% 정도의 물류비용을 감소할 수 있다는 장점이 있다. 국제전자상거래의 해상운송은 양 도시 간 교역뿐만 아니라 인천항과 웨이하이항을 한국과 중국의 B2B2C 해상운송 플랫폼으로 활용하여 다른 지역 상품이 인천과 웨이하이 시범지역을 거점으로 하는 시도를 고려해 볼 만 하다.

다. 해상간이통관시스템 구축

국제전자상거래 해상운송과정에서 무엇보다 중요한 것은 통관이 얼마나 빠르고 정확하게 이행되는가에 있다. 국제전자상거래 해상운송 상품의 검역 등 통관절차를 선상에서 수행함으로써 양 지방도시가 합의한 해상간이통관시스템 구축을 시범 운영하는 방안이다. 최근 해상운송을 통한 통관 과정에서 통관이 과도하게 지연되는 등 비관세 장벽이 강화되고 있다. 인천과 웨이하이 간 지방경제협력 강화 합의서는 해상간이통관시스템을 해상운송과 간이 신고 및 검역을 통해 신속하게 통관 할 수 있는 시스템이라 정의하고 있으며 제7장 제24조에 "양측은 해상간이통관시스템을 구축하여 해상운송 수출입이 확대되도록 지원한다", 제26조에 "양측은 검사·검역시간 단축, 통관 검역 절차 간소화 등을 통해 신속하게 통관 할 수 있도록 함께 노력한다"고 합의한 바 있다. 이는 두 도시 간 해상간이통관시스템을 구축하여 인천 - 칭다오 간 해상간이통관시스템의 사례와 같이 효율적 활용 방안이 논의되어야 함을 시사하고 있다.

라. 콜드체인 복합운송시스템 활용

콜드체인시스템이란 제품의 수확 시점부터 최종 소비자에게 전달되기까지 저온 관리를 통해 신선한 제품을 소비자에게 공급하는 유통체계를 말한다.[74] 최근 중국의 신선 제품 소비 규모 증가에 따라 시장 규모도 증가하고 있다. 1991년부터 2013년까지 중국 과일류는 연평균 11.9%의 성장세를 보였고, 우유 9.3%, 수산물 7.2%, 육류 4.2% 성장하였다.[75] 중국 내 신선제품의 수요와 생산이 증가되었을 뿐만 아니라 앞서 본 바와 같이 2016년 웨이하이에서 인천으로 수출되는 수산품이 6.6% 증가하는 등 신선제품의 교역은 증가할 것으로 보인다. 냉장차·보온차 보급, 냉장창고 등 콜드체인 시스템은 신선식품 화물운송 과정에서 부패 등에 따른 손실을 최소화하기 위해 필수적이지만 공급이 시장 수요를 따라가지 못하고 있다는 지적을 받아왔다. 그러나 2010년 중국에《농수산물신선물류계획(农产品冷链物流发展规划)》이 제정되면서 2012년 농수산물 유통 시스템 구축에 관한 국무원 의견, 2013년 농촌·농업 발전 실시에 관한 의견 등 신선물류 관련 정책들이 세워졌고 신선물류 시스템, 물류센터, 배송시스템 관련 발전 방안이 도입되기 시작하였다.[76] 웨이하이시의 스다오산업단지(石岛工业园)에는 저장창고 및 신선물류 시스템을 갖춘 스다오신선물류원이 생겨 현재 신선물류 서비스가 가능한 20여개 물류업체가 입주해 있다. 웨이하이 석도항

---

74) 김병삼(2011), "한국의 농산물 콜드체인시스템 현황과 발전방향", 「대한 설비공학회 설비저널」 제40권 제6호, p. 24.
75) 최경숙(2016), "중국 콜드체인 물류시스템 내 식품의 안전성 저해 요인에 관한 연구", 「한중사회과학연구」 제39권, p. 183.
76) 김형근(2015), "SWOT 분석을 통한 중국의 신선물류 현황과 시사점", 「한중사회과학연구」 제34권, p. 179.

을 중심으로 냉동식품 가공 및 100만 톤을 수용할 수 있는 저장창고 등의 시스템이 구축되어 있고 연 매출 400억 위안에 달하는 등 콜드체인 시스템이 개선되어 있다.[77] 웨이하이의 콜드체인 시스템은 산동성에만 국한 된 것이 아니다. 2017년 9월 1일 산동성 웨이팡(潍坊市)에서 웨이하이시까지 콜드체인 시스템을 갖춘 열차가 개통되면서 쿤밍(昆明)에서 웨이하이를 통해 한국까지 연결이 가능하게 되었다. 이것은 중국과 아세안 FTA 거점인 쿤밍을 통해 동남아 지역 – 쿤밍 – 웨이하이 – 한국으로 콜드체인 복합운송이 가능하게 되었다는 것을 의미한다.[78] 콜드체인 시스템과 교통수단이 결합된 콜드체인 복합운송을 활용하여 교역을 할 경우 항공·해운 운송이 중국 내 철도 운송으로 바로 연결되도록 통관 및 검역을 간소화하는 시범사업이 도입된다면 인

표 5.1 웨이하이 신선제품 수입항 현황

	롱옌항 (龙眼港)	웨이하이항 (威海港)	석도신항 (石岛新港)
품질검험검역총국이 냉동신선수산물수입항구로지정	○	○	○
육류 수입항구 비준 취득	×	○	○

출처: 저자 작성.

77) 중국물류정보망(2017.08.16), 2016年石島省級冷鏈物流圈實現主營業務收入400多億元.
〈http://www.chinawuliu.com.cn/information/201708/16/323932.shtml〉(방문일자: 2018.02.05)
78) 인민망(2017.09.02), 威海至昆明鐵路冷鏈物流班列開通.
〈http://picchina.people.com.cn/GB/n1/2017/0902/c364818-29510918.html〉(방문일자: 2018.02.05)

천과 웨이하이가 한국과 중국의 신선물류 거점 도시로서 역할을 할 수 있을 것이다.

마. 공동 인재양성 시범사업

인천의 대중국 지방경제협력은 제도 마련이 가장 우선시 되어야 할 사항이지만 이와 더불어 중요한 것은 마련된 제도를 효율적으로 활용할 수 있는 인재를 양성하는 것이다. 무역 편리화를 이행하는 과정에서 마련된 제도와 시스템을 활용하기 위해서는 통관, 관세, 원산지, 물류, 유통 등 무역과 관련된 한중 양국 현황을 이해하고 있어야 한다. 하지만 언어를 포함하여 한중 무역 이론과 실무를 겸비한 인재양성 프로그램은 매우 미흡하다. 따라서 인천과 웨이하이에 소재한 대학(연구) 기관과 각 지방정부의 관련 부처가 연계하여 공동으로 인재를 양성하는 교육기관을 운영하는 것을 제안한다. 대학에서 운영되고 있는 2+2제도와 유사한 형태이지만 대학교육과 더불어 상대국가의 지방정부 부처의 실무 교육이 추가된다는 점에서 차이점을 갖는다. 지방정부의 실무 교육은 한중 양국 무역 편리화 업무를 담당하는 양성하는 과정에서 가장 필요하고 중요한 부분이지만 현 교육과정은 그 수요를 충족시키지 못하고 있다.

3. 서비스분야의 지방경제협력 전략

2015년 12월 한중 FTA 발효 2년 내 서비스 · 투자 후속협상을 개시하도록 하였고 2017년 12월 한중 FTA 서비스·투자 후속협상 개시에 관한 양해각서를 체결하여 2018년 초 1차 협상을 개최하기로 합의하였다. 중국 국내 소비시장의 성장과 서비스 시장 개방이 확대됨에 따라 한중 FTA 서비스·투자 후속협상과 향후 서비스분야의 지방경제협력에 기대하는 바가 크다.

가. 중국 서비스산업과 소비증가

중국 정부의 서비스산업 발전 전략 이후 2017년 산업구조에서 서비스업의 비중은 51%로 2010년 44%보다 7% 포인트 증가하는 등 중국의 서비스업은 매우 급속히 증가하고 있다. 2017년 3월 중국 상무부는 《서비스무역발전 "13차 5개년" 규획(服务贸易发展"十三五"规划)》에서 2015년 서비스무역액은 약 7,529억 달러로 15.7% 증가하여 세계 2위를 차지하고 있다고 공식 보도한 바 있다. 2016년 3월 2일 국무원은 《생산성 서비스산업 발전 및 소비구조 향상 촉진에 관한 지도의견(关于加快发展生活性服务业促进消费结构升级的指导意见(이하 지도의견)》을 발표하여 서비스산업의 발전이 소비 잠재력을 키울 수 있도록 하였고 지도의견에서 소비수요가 발생되는 10개 영역을 제시하여[79] 향후 10개 분야의 서비스 관련 소비가 증가할 것으로 예상된다.

---

79) 중화인민공화국 상무부 홈페이지(2016.036.22).
   〈http://www.mofcom.gov.cn/article/h/zongzhi/201603/20160301280535.shtml〉
   (방문일자: 2018.02.12)

표 5.2 서비스산업발전과 소비 수요 촉진 영역

구분	분야	주요내용
1	주민과 가정	- 영유아 관련 서비스, 간병, 이미용, 세탁 - 전기제품 및 일용품 수리 서비스 - 부동산 중계, 부동산 임대사업 및 관리, 자동차 정비
2	건강	- 건강검진, 의료상담, 의료관광 - 중의약서비스 - 의료서비스평가, 건강관리서비스평가, 의료시장조사 - 건강보험 및 보험서비스
3	양로	- 생활돌봄서비스, 재활간호, 응급구조, 호스피스 등 양로서비스
4	관광	- 캠핑카, 자가용 이용, 쿠르즈, 요트
5	체육	- 스포츠관광, 스포츠미디어, 스포츠박람회
6	문화	- 전통문화예술, 문학작품, 출판 - 광고영상매체
7	법률	- 공공법률서비스 - 변호사, 공증, 법적 감정 서비스 - 해외법률서비스
8	도소매	- 도시유통망 및 농촌 유통망 - 도농유통인프라, 비즈니스 지원서비스, 농산품도소매시장, 대형 유통(창고) 배송센터, 농촌우체국물류시설, 택배센터, 농산품 신선물류시설 - 신선물류 및 저장
9	숙박 및 요식업	- 친환경 호텔, 음식점과 프랜차이즈화, 식품 안전 서비스
10	교육	- 예술, 과학기술, 유아교육, 양로보건, 직업학교 등

출처:《关于加快发展生活性服务业促进消费结构升级的指导意见》내용 저자 정리

나. 중국 서비스시장의 대외개방

중국 서비스업의 발전은 국내 서비스 분야의 잠재 소비수요에 관한 지도의견에 앞서 2014년 8월 6일 국무원은 《생산성 서비스산업발전 및 산업구조향상 촉진에 관한의견(关于加快发展生产性服务业促进产业结构调整升级的指导意见)》을 발표하여 서비스 시장을 개방하고 공평한 경쟁 환경을 조성하여 외자기업이 중국에서 서비스기업, 각종 기능성 본부 및 지점, 연구개발센터, 운영지점 등 설립이 가능하도록 하였다. 구체적으로 연구설계, 제3자물류, 금융리스, 정보기술, 친환경에너지보호 서비스, 검사인증, 전자상거래, 비즈니스 자문, 아웃소싱, AS, 인력자원 및 브랜드 분야를 육성하기로 하였고 특히 건축설계, 회계감사, 물류무역, 전자상거래 등 서비스산업 분야에 대해서 외자 도입의 제한을 완화하였으며[80] 서비스 관련 대외개방 조치들은 중국(상하이) 자유무역시범구에서 선행적으로 개방하고 있다. 〈표 5.3〉과 같이 금융, 물류, 문화, 비즈니스, 사회서비스 분야 및 엔터테인먼트 분야의 시장개방을 비롯하여 투자자의 자격요건, 지분제한, 경영범위 등 진입제한 조치를 완화하였고 다국적 기업의 무역, 물류, 결제 기능을 통합 운영하여 수출입 화물의 통관 수속, 검역의 간소화를 추진하고 있다. 아울러 상업은행으로 제한되어 있던 은행 설립자격을 외자 금융기구로 확대하여 독자형태의 외자은행 설립이 가능하도록 개방하였다.

---

80) 中国国务院(2014.08.06), "关于加快发展生产性服务业促进产业结构调整升级的指导意见".
〈http://www.gov.cn/zhengce/content/2014-08/06/content_8955.htm〉(방문일자: 2018.02.12)

표 5.3 상하이 자유무역시험구의 주요 서비스 개방내용

구분	분야	개방내용
금융	은행	- 금융서비스업 개방(자격을 갖춘 외자계 금융회사의 외자은행 설립 허용 - 민영자본과 외자금융회사 공동의 중외합자은행 설립을 허용 - 자유무역지대 내 중자계 은행의 오프쇼어(offshore) 업무 허용 - 위안화 자유태환 허용, 역외금융 기능 부여
	보험	- 외자 전문건강의료보험 회사 설립을 허용
	금융리스	- 금융리스회사의 자회사 설립 시 최저 자본금 한도 제한 폐지 - 금융리스회사의 팩토링 금융 겸업 허용
항운	원양 화물운송	- 중외합자 및 합작 국제선박운송기업의 외자 지분제한 완화 - 중자기업 및 지주회사의 비5성급선박 보유 허가, 대외무역 출입컨테이너에 대해 국내 연해항구와 상하이 항구 간 부대업무 시범 시행
	국제 선박관리	- 외국자본의 국제선박관리회사 독자 설립 허용
통신	부가통신 서비스	- 외자기업의 경영특성에 부합하는 인터넷정보서비스, 데이터 처리/저장 등 일부 부가가치 통신을 허용
	게임기	- 외자기업의 게임기 생산 및 판매 허용
전문 서비스	법률	- 자유무역구에 대표처를 설립하는 외국변호사사무소는 중국변호사사무소와 법률 서비스 자문 등에 관한 연합 운영이 가능 - 외국 법률사무소 대표처와 중국 법률사무소는 상대방 법률사무소에 변호사를 파견할 수 있으며 파견 인원은 3명 이하, 파견 기간은 2년 이상임 - 외국 법률사무소에 파견된 중국 변호사는 중국 법률 고문의 역할만 할 수 있으며 반대로 중국 법률사무소에 파견된 외국 변호사는 해외 법률고문의 역할만 가능
	신용조사	- 외국자본의 신용조사회사 설립 허용
	여행사	- 시범지역에 등록된 중외합자 여행사의 해외여행 업무 허용

	인력중개	- 중외합자 인력중개기관 설립 허용 - 외자 인력중개기관의 최저 설립 자본금을 30만에서 12만5천 달러로 완화
	투자관리	- 외자 투자전문 주식회사 설립 허용
	공장설계	- 외자건설 프로젝트 설계사(측량 제외)가 상하이에 서비스를 제공할 경우, 투자자의 프로젝트 수행 실적 평가제도 폐지
	건설	- 외자 독자 건설사가 상하이의 중외 공동 건설 프로젝트 수주 시, 중외투자비율 제한 적용에서 제외
문화	공연	- 외자 공연기획사의 지분 제한 폐지 - 외국 자본의 공연기획사 독자 설립 허용 - 시범구 내 서비스 제공에 한해 외자 독자 엔터테인먼트 설립 허용
	엔터테인먼트	- 외국자본의 시범지역 내 유흥업소, 식당, 영화관 등 독자 설립 허용 - 콘솔게임 분야 개방
사회서비스	교육	- 중외합작 경영교육 훈련기관 및 직업교육기관 설립 허용 - 비영리/영리 가능, 내국인 입학가능, 등록금수입 송금허용, 재정지원
	의료	- 외자 전액출자 의료기관 설립 허용 - 외국인의 투자 제한 해제 의료기구 설립 시 투자 총액 최소 2,000만 위안, 경영기한 20년 제한 폐지 - 외자병원 설립 신청은 상하이시 관련 부서의 허가만 받으면 되며 공상, 위생, 세무 등 각 부서별 서류 접수가 상하이 공상행정관리국으로 일원화됨
세제	법인세	- 25%(하이테크기업 15%) 법인세 초기 2년간 면제, 이후 3년간 50% 감면
	소득세	- 최고소득세율: 45%

출처: 장은정(2016), "서비스산업 발전을 위한 새만금 한중FTA산업단지 활용 및 법제 지원 방안", 「중국법연구」 제25권, p. 255-256.

다. 한중 FTA 서비스분야의 지방경제협력

우리나라가 기체결한 FTA의 서비스분야 개방 범위는 중국이 기체결한 FTA보다 넓다. 그리고 부속서에 기재되어 있지 않으면 개방이 허용되는 네거티브목록 방식을 처음 적용하여 체결하는 중국에 비하면 이번 서비스·투자 후속협상이 우리나라에게 유리할 수도 있다. 하지만 이러한 한중 간 서비스 시장 개방 정도의 차이가 오히려 중국의 서비스시장개방을 이끌어내지 못하는 요인이 될 수도 있기 때문에 어떤 분야의 개방을 어느 정도 이끌어 낼 수 있는지가 매우 중요하다.

중국의 서비스·투자 개방 부분에 대해 산업통상자원부는 투자자·국가분쟁해결제도(ISDS) 개선 및 관광·문화·의료·금융·법률 등의 시장개방을 확대할 계획이라고 발표하였다.[81] 현재 중국은 전체 155개 서비스 분야 중 우리나라에 90개 분야를 개방했고 이 가운데 데이터프로세싱과 금융정보 제공, 교환 서비스 등 6개 분야를 완전히 개방한 반면 환경서비스와 엔터테인먼트 등 84개 분야는 제한적으로 개방한 상태이다. 군사안보, 병원서비스, 요양서비스, 연구개발(R&D) 등 65개 분야는 개방하지 않고 있다.[82] 그러나 앞서 살펴 본 바와 같이 중국이 국내 서비스 시장 육성으로 소비를 촉진시키는 10대 분야 중 병원서비스, 요양서비스, 연구개발(R&D)을 비롯하여 상당 부분이 우리나라에 개방되지 않았거나 제한적 개방을 하고 있다. 따라서 한중 FTA 서비스·투자 분야의 후속협상에서 미개방 부분의 개방을 이끌어내는 것은

---

81) 파이넨셜뉴스(2018.02.12), "中에 ISDS 개선·서비스업 추가 개방 요구".
〈http://www.fnnews.com/news/201802121644515815〉(방문일자: 2018.02.12)
82) 아주경제(2017.12.05), "정상회단 계기 '한중FTA'서비스·투자 분야 협상 개시 선언".
〈http://www.ajunews.com/view/20171205132323202〉(방문일자: 2018.02.12)

매우 중요한 의미를 갖는다. 한중 FTA 서비스·투자 후속협상은 협상 과정에서 양국 지방경제협력의 시범사업을 토대로 후속협상을 진행할 수 있다는 점에서[83] 한중 FTA 지방경제협력 시범 도시인 인천과 웨이하이 간 서비스 분야의 시범사업은 가치가 있다.

그럼 어떤 서비스 분야의 개방을 요구할 것인가. 앞서 제3장《웨이하이 한중FTA 지방경제협력 시범구 건설지원에 관한 약간의견(关于支持威海中韩自贸区地方经济合作示范区建设的若干意见)》에서 제안하고 있는 사항과 양 지역의 산업구조 및 인프라를 고려할 때 관광·문화·의료·통관서비스 분야에 협력 가능성이 높다. 인천과 웨이하이의 특수성을 고려했을 때 더 구체적인 협력을 제안 할 수도 있을 것이다.

우선 통관 관리서비스 분야의 협력전략이다. 웨이하이는 상호인정 서비스 중에서도 농수산품 분야의 상호인정을 도입하여 신선제품의 무역 편리화를 요구할 가능성이 큰 반면 인천은 가공식품 및 화장품류, 의료기기 분야의 상호인정이 필요한 상황이다. 따라서 양 지역에서 개방을 수용할 수 있는 품목을 조율하여 시범적으로 개방하는 전략이 필요하다.

둘째, 의료분야의 협력전략이다. 중국외상투자지도목에 외자 의료기관(병원)은 합자나 합작 형태의 제한된 개방을 하고 있고 웨이하이에 진출한 병원 역시 모두 합작 형태의 병원을 설립했다. 그러나 상하이 자유무역시험구에서는 외자 전액출자 의료기관의 설립을 허용하고 있어 지방경제협력 시 동일 수준의 개방을 요구해 볼 수 있다.

---

83) 김명아(2015), "일대일로와 한·중FTA가 새만금사업에 주는 법제적 시사점", 「한중관계연구」 제1권 제2호, p. 15.

셋째, 관광분야의 협력전략이다. 관광분야의 경우 웨이하이는 한중 지방경제협력 시범사업으로 쿠르즈의 72시간 내 무비자 정책, 한국 단체관광객의 15일 무비자 정책, 거주민의 무비자 정책을 시범사업에 포함한 바 있지만 시범 사업으로 채택되지 못했다. 양국 출입국에 대하여 상호주의 원칙이 적용되지 않고 있는 상황에서 지방경제협력 시범사업 차원으로 접근하여 단계적으로 비자면제 범위를 확대하는 협력전략이 필요하다. 예컨대 인천과 웨이하이 간 의료 목적으로 방문할 경우 비자 면제 혜택을 부여하는 것도 하나의 방법이 될 수 있다. 또한 중국 내 외자여행사의 영업권 확대도 협력 대상이다. 중국《여행사조례(旅行社条例)》제3장 제23조에는 외상투자여행사의 경우 중국 내국민의 해외여행 관련 영업을 불허하고 있다.[84] 관광분야에서 스포츠 관광, 의료관광 등 다양한 분야의 협력이 활성화되기 위한 협력전략이 필요하다.

84) 中华人民共和华国中央人民政府（2017.01）.
　　〈http://www.gov.cn/gongbao/content/2017/content_5219153.htm〉（방문일자: 2018.02.13）

제**6**장

결론

한중 FTA 체결로 양 국가의 지방정부간 경제협력이 새로운 국면을 맞이하고 있다. 한중 FTA 지방경제협력의 시범도시로 인천과 웨이하이가 지정되면서 한중 FTA 이행의 전략 도시로 기대를 모으고 있다. 특히 두 도시 간 경제협력은 한중 무역에 있어 제도적 비관세장벽을 완화하기 위한 시범사업을 주요 목적으로 하고 있다. 이에 두 도시가 공동으로 시범사업을 발굴하고, 적절한 이행전략을 만들어 나가는 것이 지방경제협력의 핵심이 될 것이다. 지방경제협력 시범사업의 성공적 이행은 나아가 한중 무역편리화와 경제협력에 있어 중요한 시사점을 제공할 것으로 기대된다. 이러한 배경 하에서 본 연구는 인천과 웨이하이 간 경제협력 시범사업의 발굴을 위해 중국의 개혁개방 심화를 위해 활용하고 있는 경제협력의 여러 사례들을 집중 분석했다. 이를 통해 몇 가지 시사점을 도출하였다.

첫째, 한중 양국의 지방정부 간 지속가능한 경제협력을 위한 추진체제를 마련해야한다. 추진체제는 투트랙(two-track)으로 진행되어야 효과를 발휘할 수 있다. 첫 번째 트랙은 두 도시 간 협력을 위한 대화채널의 구축이다. 전술한 인천과 산동성 정부가 매년 개최하는 우호협력 연석회의나 실무자 간 분과회의가 그 대표적 예이다. 이를 통해서 두 지역의 중점 협력 사안을 선정하고 실시방안을 논의하는 장을 마련하는 것이다. 서로 다른 제도와 산업 환경에 놓여 있는 두 지역의 협력을 위해서는 공동의 대화채널은 필수적이라 할 수 있다. 인천과 산동은 이미 기본적 연석회의 채널을 구축해 놓고 있지만 이러한 연석회의는 정치 및 외교 요인의 영향을 받기 쉽다. 따라서 이러한 정치외적 요인의 영향을 최소화시키면서 회의가 지속적으로 개최될 수 있는 전략을 마련하는 것이 무엇보다 중요한 과제가 될 것이다.

두 번째 트랙은 자국 내 추진체제를 구축하는 것이다. 인천과 웨이하이 간 연석회의를 통해 주요 협력 사안과 시범사업을 발굴했다 하더라도 국내의 지원과 지지가 없다면 사업이 실현되는 것은 불가능하다. 한중 FTA 체결 후, 산동성이 웨이하이 한중 자유무역구 지방경제협력 시범지역 건설에 대한 성 정부의 지지를 얻기 위해서 연석회의제도를 만든 것도 이러한 이유에서다. 한중 지방경제협력이 인천과 웨이하이를 시범도시를 중심으로 제도적 시범사업을 구현하고자 한다면 시범사업과 관련된 국내 부처 간, 중앙과 지방 간, 그리고 시범지역과 이외지역 간 협의체 구성이 더욱 필요하다. 협의체를 통해서 시범사업이 특정 지역에 대한 경제이익 실현을 위한 사업이 아니라 한중 교역과 협력 증대를 위한 발판이 되는 것을 합의하고, 공동 이익이 될 수 있는 방안을 모색한다. 뿐만 아니라 지방경제협력의 시범사업은 한국에서 지금껏 시도해 보지 않은 정책으로 이에 대한 모범답안이 없으며, 시행착오가 발생할 수밖에 없다. 따라서 각 연구기관 및 전문가 그룹을 구성하여 여러 가지 시범사업을 제안하고, 이를 실현하기 위한 방안과 전략을 수립하도록 독려하는 것이 필요하다. 다양한 협력체제가 유기적으로 작동해야 지방경제협력 시범사업의 실현가능성이 높아 질 수 있을 것이다.

둘째, 한중 지방경제협력 시범사업의 이행을 위한 근거 법률 마련이 필요하다. 인천과 웨이하이 간 협력 시범 사업 중 비관세장벽원리는 통관, 검사·검역 등 무역편리화를 실현하기 위한 제도적 협력이 중요하다. 이러한 제도적 협력은 지방정부가 가지는 행정권한의 범위를 넘어서고 있어 지방정부의 의지만으로 시범사업을 진행할 수 없는 한계가 있다. 시범사업의 이행을 위해서는 세관, 국립검역소, 농림축산검역본부, 국가기술표준원, 식품의약품안전처, 상공회의소 등 관련 기관들 간 유기적 협조가 필요하다. 이러한 기관들은 국가가 정하는 법률에 근거하여 직무를 수행하는데 시범사업에 대한 근거 법률이 부재하다면 이들의 협조를 얻을 수가 없다. 한중 FTA 지방경제협력 조항에 인천과 웨이하이 지방경제협력을 위한 시범사업 실시에 대한 근거 조문이 있지만, 구체적이지 않아 현행 법·제도를 뛰어넘는 시범사업에 적용하기에는 한계가 있다. 장기적 관점에서 지방경제협력 시범사업에 대한 근거 법률을 마련하는 것이 필요하다. 중국과 같이 국내 특별법 형태도 제정할 경우, 다른 지역과의 형평성 문제로 법률안 통과가 쉽지 않고, 헌법 위배에 대한 논란이 있을 수 있다. 특별법 제정이 쉽지 않다면 한중 FTA 서비스 후속협상 시, 통관 및 검사검역, 운송 등 각 분야에서 시범사업에 관한 구체적 이행 내용을 합의하는 것도 근거를 만드는 방안이 될 수 있다.

한편, 시범사업에 관한 국내 특별법이 부재하더라도 시범사업의 이행이 불가능한 것은 아니다. 본 보고서에서 제시한 바와 같이 양국의 인증기관 간 협력협정을 통해서 검사·검역에 대한 상호인정의 실현으로 비관세장벽을 줄일 수 있다. 또한 현재 양국에서 시행하고 있지 않는 '콜드체인 복합운송 시스템'이나 '해상간이 통관시스템' 등을 인천과 웨이하이 간 시범적으로 활용해 본다면 모범적 경제협력의 사례를 만들 수 있을 것이다.

넷째, 한중 지방경제협력 시범사업을 구상하고 구체화 할 공동 연구기관(싱크탱크)이 필요하다. 한중 FTA 근거한 지방경제협력은 단순 교류의 차원을 넘어 제도 통합의 과정에서 시범적으로 이루어지는 사업인 만큼 양국 모두에게 실험적인 사업이라 할 수 있다. 비록 중국이 다양한 국가 및 지역과 경제협력을 진행한 경험이 있다고 하더라도 또다른 제도와 산업 환경이기 때문에 이에 대한 이해는 필요하다. 지방정부 간 경제협력 시범사업을 통해 양국 모두가 이익을 공유하기 위해 공동연구는 필수적이다. 따라서 양국의 중앙정부와 지방정부가 공동으로 출자하여 한중 지방경제협력 시범사업을 연구하는 전문기관을 설립할 필요가 있다. 전문연구기관을 통해 양국의 중앙과 지방 정부의 의견과 역할을 조율하고 또한 지방경제협력을 위한 시범사업을 양국이 공동으로 발굴함으로써 사업의 실현을 위한 적절한 방안을 공동으로 모색하도록 한다. 이와 더불어 시범사업을 전국으로 점차 확대하는 방안을 함께 고려하여 진정한 시범사업으로서의 역할을 할 수 있는 기반을 마련할 필요가 있다.

국가 차원의 경제협력으로 한중 FTA가 체결되었다. 한중 FTA 협정문에 지방 경제협력을 포함한 경제협력 챕터가 마련되었고 이는 지방경제협력이 강화될 기반이 마련되었다는 것을 의미한다. 또한 지방경제협력은 국가 간 협의에 비해 구체적이고 현실적 논의가 비교적 신속하게 이루어 질 수 있다는 장점이 있다. 그럼에도 불구하고 지방경제협력의 실현은 쉽지 않다. 살펴 본 바와 같이 제도 차원의 지방경제협력은 지방차원을 넘어 중앙차원의 지원이 없이는 결코 실현될 수 없다. 지방정부 간 협력 시범사업을 특화하고 지역 간 네트워크화 하여 협력을 강화할 수 있는 중앙정부의 총체적 지원과 연구가 필요하다.

강원개발연구원(1999), "환동해권 지방정부지사성장회의의 발전방안"

김천규 외(2014), 「중국 환발해지역 발전계획의 특성 및 도시경쟁력 분석 연구」, 대외경제정책연구원

이장규 외(2016), 「중국경제의 구조변화와 한국경제에 대한 시사점」, 대외경제정책연구원

조성호, 이홍규, 이용환(2012), "중국의 경제성장과 지방분권", 경기개발연구원

최승환(2006), 「국제경제법」, 법영사

한국지방자치단체국제화재단(2001), 「지방자치단체 국제교류 매뉴얼」

박성은(2016), "한중 카페리FTA 체결에 따른 카레리선사의 발전방안", 인하대학교 석사논문

이정표(2003), 「지방정부의 국제교류정책분석」, 대구대학교 박사학위논문

김명아(2015), "일대일로와 한·중FTA가 새만금사업에 주는 법제적 시사점", 「한중관계연구」 제1권 제2호

김병삼(2011), "한국의 농산물 콜드체인시스템 현황과 발전방향", 「대한 설비공학회 설비저널」 제40권 제6호

김세진, 김은미(2017), "대중국 역직구 활성화 방안에 관한 연구–신 통관정책을 중심으로", 「관세학회지」 제18권 제1호

김연숙(2015), "한·중 FTA의 상호인정협정 활성화방안에 관한 연구", 「관세학회지」 제16권

김장권(1995), "동아시아의 국가와 지방정부", 「한국정치학회보」 제28집 2호

김형근(2015), "SWOT 분석을 통한 중국의 신선물류 현황과 시사점", 「한중사

회과학연구」, 제34권

류재현(2012), "한중일 지방정부의 다자간 국제교류협력체에 관한 유형론적 비교연구: 부산, 상하이, 후쿠오카를 중심으로", 「한국자치행정학보」 제26권 제2호

박재욱, 류재현(2009), "한일 지방정부의 다자간 국제교류협력체 비교연구: '한일해협연안시도현지사교류회'와 '동아시아경제교류추진기구'를 중심으로", 「지방정부연구」 제13권 제2호

박종은, 송양호(2016), "중국의 일대일로 활용에 따른 한중 복합운송 규정의 통일 필요성에 관한 연구", 「법학연구」 제50집

윤성혜(2014), "환황해권 경제협력 강화를 위한 한중경제협력단지 조성과 법제지원 방안", 「홍익법학」 제15권 제4호

윤성혜(2015), "한중 자유무역협정(FTA) 상 경제협력 이행에 있어 국제법적 쟁점과 함의: WTO 보조금협정을 중심으로", 「중국법연구」 제24집

윤영득 외(1999), "국제지역 간 경제협력과 지방단위의 통상산업정책의 혁신방안 - 부산대도시권을 중심으로", 「경제연구」 제8권 1호

이주영(2017), "한중FTA 시범도시를 기반으로 한 한중 지방도시 협력방안: 인천 - 웨이하이를 중심으로", 「현대중국연구」 제19집 2호

이진태(2007), "초고속 열차페리 현황과 전망", 한국해양연구원 열차페리정책세미나 자료

장은정(2016), "서비스산업 발전을 위한 새만금 한중 FTA 산업단지 활용 및 법제 지원방안", 「중국법연구」 제25권

전동한(2016), "중국 열차페리 타당성 연구 - 물류관점", 「물류학회지」 제26권 제4호

전병호, 강병구(2015), "한중 FTA체결에 따른 정부의 MRA 활용방안에 관한 연구
　　－TBT 및 적합성평가를 중심으로", 「통상정보연구」 제17권 제3호

정환우(2013), "중국의 비관세장벽과 한중 FTA 협상시사점: 기술무역장벽(TBT)
　　과 위생 및 생물위생(SPS)을 중심으로", 「한중사회과학연구」 제28권

최경숙(2016), "중국 콜드체인 물류시스템 내 식품의 안전성 저해 요인에 관한
　　연구", 「한중사회과학연구」 제39권

Richardson, H. W.(1979), *Regional Economics*, Champaign: Illinois University Press

長洲一二(1984), 自治体の国際交流, 長洲一二. 板本義和編, 自治体の国際交流, 東京: 学陽書房

贾玲俊、萨秋荣(2015), "中国境外经济贸易合作区发展现状探析", 《对外经贸实务》

李燕(2015), "先行先试 种好中韩自贸区"试验田", 《中国财政》总第699期

刘文(2017), "中韩跨境电商发展比较研究, 威海对韩跨境电商发展研究", 2017中韩FTA地方经济合作论坛

路红色(2013), "中国境外经贸合作区发展的经验启示", 《对外经贸》第232(10)

乔标(2008), "境外产业园: 中国IT产业"走出去"的新模式", 《现代经济探讨》第6期

施志宏(2015), "境外中国工业园产业发展定位暨开发模式分析－以越南中国(海防－深圳)经济贸易合作区安阳工业区为例", 《河南建材》第2期

杨华、骆小荣(2013), "促进合作交流、尊重地域特性, 适应弹性发展－记越南

- 中国经济贸易合作区暨海防 - 深圳安阳工业区配套生活区详细规划
  设计",《中华建设》2013(4)
张玉新、李天籽(2012), "跨境次区域经济合作中中国演变地方政府行为分
  析",《东北亚论坛》第4期总第102期
朱妮娜, 范丹(2017), "中国外经贸合作区研究",《北京经贸》第11期

아시아투데이(2017.12.18), "중 국무원, 염성 등 한중산업단지 3곳 승인…한중
  경협 속도 낼 듯"
  〈http://www.asiatoday.co.kr/view.php?key=20171218010008637〉
아주경제(2017.12.05), "정상회단 계기 '한중FTA'서비스·투자 분야 협상 개시
  선언"〈http://www.ajunews.com/view/20171205132323202〉
중앙일보(2017.12.15), "중단됐던 한중 경제장관회의도 내년 2월 다시 열린다"
  〈http://news.joins.com/article/22209125〉
한국경제(2009.06.22), "무안 한중 국제산업단지 사업 '불투명'"
  〈http://news.hankyung.com/article/2009062274931?nv=o〉
코트라 한중 교역 동향〈http://news.kotra.or.kr/user/ nationInfo/kotranews/
  14/userNationBasicView.do?nationIdx=53〉
파이넨셜뉴스(2018.02.12), "中에 ISDS 개선·서비스업 추가 개방 요구"
  〈http://www.fnnews.com/news/201802121644515815〉

凤凰网(2017.09.07), "威海：x89033次冷链运输班列由潍坊西站抵达文登火
  车站"〈http://news.ifeng.com/a/20170907/51910747_0.shtml〉
人民网(2017.09.02), 威海至昆明鐵路冷鏈物流班列開通

〈http://picchina.people.com.cn/GB/n1/2017/0902/c364818-29510918.html〉

深圳市政府网(2017.07.28), "越南计划投资部副部长阮文孝考察深圳湾科技
　　产业园区"

　　〈http://www.sz.gov.cn/gzw/qt/gzdt/201707/t20170728_8004904.htm〉

深圳市政府网(2008.09.08), 深圳与越南海防市签署开发区建设备忘录

　　〈http://www.sz.gov.cn/cn/xxgk/zfxxgj/zwdt/200809/t20080908_5288
　　956.htm〉

中国国际电子商务网(2008.09.04), "境外产业园：中国IT产业"走出去"的新模式"

　　〈http://trade.ec.com.cn/article/tradehwtz/200809/741905_1.html〉

中国国际贸易促进委员会(2015.09.10), "境外经济贸易合作区专题介绍一尼
　　日利亚莱基自由贸易区"

　　〈http://www.ccpit.org/Contents/Channel_3743/2015/0910/487641/co
　　ntent_487641.htm〉

中国国际贸易促进委员会(2015.09.10), "境外经济贸易合作区专题介绍一尼
　　日利亚莱基自由贸易区(三)"

　　〈http://www.ccpit.org/Contents/Channel_3743/2015/0910/487645/co
　　ntent_487645.htm〉

中国国务院(2014.08.06), "关于加快发展生产性服务业促进产业结构调整升
　　级的指导意见"

　　〈http://www.gov.cn/zhengce/content/2014-08-06/content_8955.htm〉

中国海洋报(2011.02.01), "山东半岛蓝色经济区发展规划解读"

中国经济网综合(2015.11.26), "韩国韩中工业园"

　　〈http://intl.ce.cn/zhuanti/2015/jwjm/yz/201511/26/t20151126_

7142660.shtml〉

中国山东网(2014.0815), "中韩贸易合作区落户青岛暂命名'青岛星城'"

　　〈http://qingdao.sdchina.com/show/3053252.html〉

中国物流与采购网(2017.08.16), 2016年石島省級冷鏈物流園實現主營業務

　　收入400多億元

　　〈http://www.chinawuliu.com.cn/information/201708/16/323932.shtml〉

부록

山东省委办公厅、省政府办公厅关于支持威海中韩自贸区地方经济合作示范区建设的若干意见

一、把中韩地方合作示范区建设列为全省对外开放重大事项

将威海作为重要节点城市，列入山东省"一带一路"建设实施方案，将中韩地方合作示范区纳入山东省"十三五"和各项重点规划，在政策设计、项目布局、资金安排和基金投放等方面给予重点支持。

以制度创新为核心，充分复制创新上海、天津、广东、福建等自贸区的成功经验，率先开展先行先试。打造中韩合作制度创新试验田、中韩自由贸易先试平台、中韩商品交易重要集散地、中韩产业融合先行高地，发挥示范带动、服务全国的积极作用，探索山东对韩地方经济合作新模式。

二、打造中韩地方经济合作开放试验区

依托威海经济技术开发区、威海临港经济技术开发区和威海出口加工区，规划建设中韩自贸区地方经济合作开放试验区(以下简称开放试验区)。"十三五"期间，省级安排资金支持开放试验区基础设施建设。

采取"一区多园"模式建设中韩合作产业园、中韩现代物流园等园区，推动韩国先进制造业、战略性新兴产业、现代服务业在开放试验区内聚集发展。

三、强化基础设施支撑保障

对威海铁路、港口、机场、公路进行升级改造，规划建设深水泊位，提升威海港口现代化管理水平，增加威海至韩国集装箱班轮航线。

支持开放试验区地下综合管廊等基础设施建设。支持开放试验区按照城市总体规划、土地利用总体规划确定的用途建设；确需调整或修改城市总体规划、土地利用总体规划的，积极协调上级部门支持。盘活土地存量，优先应用于中韩地方合作示范区。

四、打造对韩物流枢纽

推动港铁一体化，畅通中韩物流大通道。推动威海至桃村铁路办理过境集装箱业务，积极向中国铁路总公司争取过境优惠政策。

支持威海开展中韩跨境汽车整车运输、自驾车旅游业务，提升中韩陆海联运层次。

支持威海申报国家现代物流业创新发展试点城市。

五、加快贸易方式创新

支持威海举办中韩商品博览会，构建中韩贸易交流渠道。

支持威海设立对韩小额商品交易市场、进境免税店。

支持威海设立对韩跨境电商综合园区，申报中韩自贸区跨境贸易与电子商务综合试验区，争取跨境电商"网购保税进口"试点。

支持威海开通对韩海运快件业务。争取境外旅客购物离境退税、"市场采购"政策，打造中韩跨境贸易首选通道。

六、创新通关监管服务机制

把威海口岸列为全省电子口岸"单一窗口"首批试点，积极推进威海与仁川电子口岸互联互通。

扩大AEO(经认证的经营者)互认成果，争取更多企业获得认证。

支持海关和出入境检验检疫各项改革措施在威海先行先试。

提升信息互换、监管互认、执法互助的大通关层次，争取将威海与仁川口岸打造为中韩通关示范口岸。

指导威海港、石岛港建设进口肉类指定口岸。

简化农产品、水产品通关手续，打造山东农产品、水产品出口基地。

推动威海与仁川在农产品、水产品等领域相互采信检验检测结果，争取韩国鲜乳企业进口注册工作采信HACCP(危害分析与关键控制点)认证结果。

积极开展韩国技术性贸易措施动态研究，打造东北亚标准法规查询平台，充分利用影响调查、通报评议等手段开展韩国技术性贸易措施研究，帮促山东产品"走出去"。

进一步提升威海保健食品、化妆品检验检测机构能力和水平。支持威海推进食品药品检验检测中心达到国家药品进口口岸标准后，向国家申请设立国家药品进口口岸。推动韩国进口化妆品在威海实施许可(备案)工作。

七、构建韩资准入新模式

支持威海争取对来自韩国的投资实行准入前国民待遇和负面清单制度，逐步减少和取消韩国投资准入限制。先行选择旅游、文化、医疗养生、创意设计等现代服务业和电子信息、医药医疗器材、船舶制造等先进制造业领域扩大对韩开放，积极有效吸引韩资。

八、推动投融资便利化

对于省级各类投资基金发起设立支持中韩地方合作示范区建设的产业引导、创业投资、股权投资等子基金，给予积极支持。支持山东省人民币国际投贷基金发起成立对韩子基金。鼓励韩资股权投资和创业投资管理机构发起管理人民币股权投资和创业投资基金。支持经国家证券监督管理部门批准开展股权众筹融资试点。支持中韩地方合作示范区企业赴韩上市、发行人民币债券。

九、增强金融服务功能

支持符合条件的韩资金融机构设立分支机构。支持设立地方法人金融机构，鼓励民营资本参股。支持设立本外币兑换特许机构。支持在中韩地方合作示范区内开展海产品等大宗商品交易试点，建设服务中韩跨境电子商务发展的第三方在线支付平台。

十、推动对韩金融创新

争取以资本项目可兑换为重点的外汇管理改革试点。探索放开中韩地方合作示范区内居民个人对韩直接投资、区内银行业金融机构对韩同业拆借等部分资本项目业务。探索建立人民币对韩元区域统一报价机制，建设中国(山东)韩元现钞交易中心，推动中资银行试点开展外币离岸业务。探索开展中韩地方合作示范区内企业外债宏观审慎管理制度，争取统一非金融内外资企业外债政策。争取划设特定监管区域，在一定限额内允许人民币与韩元自由兑换。

十一、建立对韩服务合作对接机制

积极参与中韩自贸协定服务贸易后续谈判。创建中韩自贸区服务贸易创新发展试点城市，实行与国家服务外包示范城市同等的优惠政策。研究论证一批服务领域具体试验项目，在中韩地方合作示范区先行先试，进一步提升我省对韩服务合作的层次和水平。

十二、深化旅游领域合作

支持威海与仁川两地互设旅行社，为在中韩地方合作示范区注册的符合相关法律法规、达到申请条件的外商投资旅行社积极争取从事除台湾地区以外的出境游业务资质。

支持威海与仁川两地开通邮轮旅游线路，争取邮轮72小时过境免签政策。

争取韩国旅游团队15天免签、居民免签等政策，推动赴韩旅游团队落地签。

十三、深化文化医疗卫生领域合作

支持威海加大与韩国在广告创意设计制作、动漫、游戏、影视制作等领域合作，推动文化创意产业发展。支持威海加强与韩国在工业设计、服装设计、艺术品设计等领域的合作，促进创意设计服务领域延伸和服务模式升级。支持韩资企业在威海从事游戏游艺设备的生产，经省文化部门审核后面向国内市场销售。

将设立中韩合资医院审批权限委托下放到威海市。支持威海引进韩国技术、医师，在美容、养生、养老等领域先行先试。

十四、深化科技教育体育海洋领域合作

支持驻威海高校与韩国高校院所建立战略合作关系，建立国际技术转移机制。建立中韩自贸区知识产权项目服务平台，加强知识产权保护与交流。

支持在威海建设韩籍人员子女学校，为当地韩籍人员子女就学提供便利。

支持威海与韩国在体育领域开展合作，定期举办体育赛事。促进双方体育人力资源的互访交流和培养。积极促进体育产业领域的双边合作。

深化海洋领域的合作，支持威海与韩国在海洋科技、海洋高技术产业、海洋环保、防灾减灾、海洋人才培训等领域的深度合作，并纳入东亚海洋合作平台和东北亚地区地方政府联合会海洋与渔业专门委员会框架内。

十五、建立协调推进机制

由省商务厅牵头，会同威海市研究制订中韩地方合作示范区总体方案，省政府联合商务部适时申请国务院批准示范区总体方案。需省综合平衡的重大发展事项，省直有关部门要为中韩地方合作示范区开通绿色通道。

省直有关部门量身定做符合威海实际的具体政策措施，会同威海市加强与国家有关部委沟通衔接，争取国家有关部委出台支持中韩地方合作示范区发展的具体政策与措施。

十六、推动行政审批制度改革

由省编办牵头，会同省直有关部门，对威海市提出的中韩地方合作示范区建设需要省级下放的行政审批事项进行梳理研究，提出依法下放或委托威海实施的意见。

十七、创新人才引进培养机制

支持威海引进韩国高端人才，在人才评定、人才资助等方面给予优惠政策。将韩国人入境在威海就业许可、韩国专家来威海工作许可等审批权下放到威海。在制定赴韩国培训计划方面向威海倾斜。支持威海与韩国高校开展人才培训交流，在韩国专家入境手续办理方面给予便利条件。

威海市人民政府关于加快建设中韩（威海）经济合作示范区的实施意见

威政发〔2014〕12号

各市区人民政府，国家级开发区管委，南海新区管委，市政府各部门、单位：

为抢抓推进中韩自贸区建设的历史机遇，加快建设中韩（威海）经济合作示范区，不断提升我市对韩经济合作水平，增创开放型经济新优势，特制定本实施意见。

一、总体目标

立足我市对韩区位优势突出、合作基础良好的实际，密切关注中韩自贸协定谈判进程，借力推动中韩（威海）经济合作示范区建设，在贸易、投资、服务、产业合作等领域抢先介入，先行先试，为中韩自由贸易提供先导示范。到2015年，在对韩产业合作、交通物流体系建设、投资贸易便利化等方面取得实质性突破，中韩经济合作前沿平台功能更加凸显。到2016年，基本形成对韩全方位、深层次开放合作格局，我市在中韩自由贸易中的先导示范地位更加突出。

二、工作重点

（一）深化城际友好合作。深化我市与韩国仁川市、群山市等城市的经济合作伙伴关系, 建立日常工作机制, 加强经济信息交流; 支持对方主办各种展会, 扩大进出口贸易; 开展重点产业领域交流合作, 共同建设产业合作项目; 在城市规划建设、文化、教育、体育、卫生医疗等方面建立形式多样的务实交流渠道。各市区 (包括国家级开发区、南海新区, 下同) 要结合实际, 积极与韩国有关城市建立经济合作伙伴关系。(责任单位: 市商务局牵头, 市城乡建设委、规划局、文化广电新闻出版局、教育局、体育局、卫生局、外办, 各市区政府〔管委〕配合)

(二) 搭建产业合作平台。

根据六大重点区域和省级以上园区产业发展特点, 规划建设各具特色的中韩合作产业园, 承接韩国高端技术、高端产业转移。(责任单位: 各市区政府〔管委〕, 市城乡建设委、规划局)

依托东部滨海新城, 重点布局中韩合作综合服务设施, 大力发展商务、金融、旅游等现代服务业, 发展总部经济、楼宇经济, 带动博览、会展、文化、创意、管理、咨询等产业发展。临港区重点推进以先进制造业、物流业为主的中韩产业合作。(责任单位: 经区管委、临港区管委, 市城乡建设委、规划局)

创新开发运营模式, 引进韩国的资金、技术和经验, 加强与韩国土地住宅公社、京畿都市公社、全经联、食品工业协会等知名机构、企业合作, 共同开发、建设和运营各类产业园区。(责任单位: 各市区政府〔管委〕, 市商务局)

(三) 扩大对韩货物贸易。

深入调研分析我市汽车及零部件、造船及零部件、纺织服装、电子电器、机械设备、医疗器械、轻工等行业产品竞争力, 积极争取优势产品纳入立即实行零关税税目等有利条件。(责任单位: 市经济和信息化

委牵头，海关部门配合）

加强渔业和农业领域合作，建立中韩合作研究机制，加快推动"中韩国际食品安全示范区"建设，积极参与国际农产品质量安全标准体系建设，扩大对韩农产品和水产品进出口。（责任单位：市农业局、海洋与渔业局牵头，市商务局和检验检疫部门配合）

搭建中韩商品交易平台，加快推进威海韩国食品日用品交易集散中心和威海港国际物流园韩国商品物流集散平台建设，举办中韩（威海）品尚生活展览会，使威海成为面向韩国、辐射全国的中韩商品集散地。（责任单位：各市区政府〔管委〕，市城乡建设委、规划局、商务局、会展办、贸促会）

（四）加强服务业合作。

积极争取中韩服务业开放试点政策，力争金融、航运、商贸等方面的试点政策在我市先行先试。（责任单位：市发展改革委牵头，市交通运输局、商务局、金融办、人民银行威海中心支行配合）

大力推动金融创新与合作，积极引进韩国银行、保险等金融机构，推动中韩双方银行改进金融服务方式，积极开发本外币结算产品、贸易融资产品、汇率避险工具等，为对韩经贸合作提供支撑。（责任单位：市金融办牵头，人民银行威海中心支行配合）

加强旅游产业融合，策划包装"威韩连线"旅游产品，将威海与韩国重点城市旅游资源捆绑整合，努力把威海打造成为国内游客赴韩旅游的桥头堡和韩国游客来我国旅游的第一站。（责任单位：市旅游局）

加强创意产业合作，扩大与韩国在影视动漫、文艺演出、软件开发、出版印刷、网络游戏等领域的交流合作。加强时装设计产业领域的合作，将威海打造成为高端时尚韩版服装服饰产品研发和销售中心。

（责任单位：市文化广电新闻出版局、经济和信息化委）

加强医疗服务合作，扩大与韩国在医疗、美容、养生、养老等领域的合作交流。（责任单位：市卫生局、民政局）

（五）扩大相互投资。探索对韩国投资实行准入前国民待遇加负面清单管理模式，争取在放宽韩资准入方面先行先试。加大韩资企业的引进力度，重点引进新能源、新材料、新医药、节能环保、高端制造业等领域的项目，支持韩国企业参与我市城市化建设。创新合作模式，坚持"引进来"和"走出去"相结合，推动更多的优势企业参与韩国企业并购和合资生产经营项目，在韩国设立研发中心和生产基地。（责任单位：市商务局牵头，各市区政府〔管委〕配合）

（六）优化通关服务。

积极争取国家支持，研究制定相关政策措施，简化人员出入境手续，争取我市赴韩商务和旅游观光人员享受签证便利。（责任单位：市外办牵头，市公安局、旅游局和海关、检验检疫、边检部门配合）

加强重点产品关税和非关税措施研究，借助中韩自贸协定谈判，最大限度地消除对我市不利的贸易壁垒，争取更多有利政策。（责任单位：市口岸办牵头，市商务局和海关、检验检疫部门配合）

深化通关业务改革，加快电子口岸建设，加强关检合作，实施一个平台查验放行模式，实行"属地申报、口岸验放"等便利措施，整合进出口通关各类系统，加快搭建大通关网上公共服务平台，为对韩贸易提供监管、物流、交易、支付等一体化服务。推进威韩口岸部门交流互动，加强与韩国进出口贸易、食品安全等相关领域的互信互认和产业技术标准合作，降低通关成本，提高通关效率。（责任单位：市口岸办牵头，海关、检验检疫、边检部门配合）

（七）构建立体便捷交通体系。

优化提升港口和铁路规划，实行港铁联动发展。建立威韩港口合作机制，合作开发快速游艇和豪华游轮等旅游产品。探索建立威海港、石岛港、龙眼港联动发展机制，加强同韩国仁川港、群山港等港口的合作，共同发展集装箱联运和国际中转、物流配送等航运物流业务。提升中韩陆海联运汽车货物运输层次，加快推动实现整车运输。（责任单位：市交通运输局牵头，市铁路局配合）

推进俚岛港、好当家港、三星重工业码头等一类口岸作业区正式开放，提高口岸开放水平。支持增开威韩空中航线，优化空中中转运输和陆空联运监管模式，打造国际进出快捷通道。（责任单位：市口岸办牵头，市民航局、荣成市政府配合）

（八）加快推动威海出口加工区升级为综合保税区。加快推进路网、电力及海关、商检、公共服务中心等基础设施建设，严格入区项目审核，争取出口加工区早日升级为综合保税。充分发挥海关特殊监管区域作用，依托保税加工、保税物流、虚拟口岸、服务贸易四大功能优势，吸引韩国物流企业入驻，发展对韩国际物流业务，为韩国货物入境提供保税加工、中转、国际采购、国际展示服务。（责任单位：市商务局牵头，市发展改革委、财政局、国土资源局、城乡建设委、规划局、国税局、威海海关、威海检验检疫局、文登市政府配合）

（九）加强人才队伍建设。建立一支精通外语、熟悉国际经贸法律政策、善于开展国际经贸交流合作的人才队伍，为中韩（威海）经济合作示范区建设提供人才支持和智力保障。加强同韩国在人才培养方面的合作，同韩国仁川市、群山市等城市互派公务员交流任职。（责任单位：市委组织部牵头，市人力资源社会保障局、商务局、外办配合）

（十）加强政策研究。邀请国家部委和科研院所的专家学者，组建专门的调研团队，从国家战略高度审视中韩（威海）经济合作示范区的基本定位和实现途径，研究提出我市需要国家、省给予的政策支持。（责任单位：市商务局牵头，市政府调研室配合）

（十一）加强宣传推介。以中韩（威海）经济合作示范区为主题，制作对韩专题宣传片。加强与韩国媒体的合作交流，打造中韩经济合作宣传平台，在韩国广泛宣传推介威海城市形象和投资贸易、文化旅游环境，扩大威海在韩影响力。积极落实《中国威海市与2014年仁川亚运会组委会战略合作备忘录》，加强与组委会的合作交流，组织开展文艺演出、火炬传递、赴仁川观赛等活动，引导我市优势企业参与各项活动，创造合作机遇。（责任单位：市委宣传部牵头，市经济和信息化委、财政局、商务局、文化广电新闻出版局、体育局、旅游局配合）

三、保障措施

（一）加强组织领导。成立中韩（威海）经济合作示范区建设领导小组，市委副书记、市长张惠任组长，副市长房德阳、刘广华任副组长，市委组织部、宣传部和市发展改革委、经济和信息化委、教育局、公安局、财政局、人力资源社会保障局、国土资源局、城乡建设委、规划局、交通运输局、农业局、海洋与渔业局、商务局、文化广电新闻出版局、体育局、卫生局、旅游局、外办、口岸办、铁路局、民航局、会展办、贸促会、金融办、调研室、国税局、威海海关、荣成海关、威海检验检疫局、荣成检验检疫局、人民银行威海中心支行、威海边检站、石岛边检站、龙眼港边检站以及各市区政府（管委）主要负责人为成员。领导小组下设办公室，刘广华兼任办公室主任，王笑丰兼任办公室副主任。办公室内设2个工作组：（1）综合协调组。设在市商务局，主要负责人任组长，从全市抽调专业人员集中办公，负责对外联络、政策研究、工作调度，组织开展投资贸易促进活动，协调解决工作中遇到的有关问题。(2) 规划建设组。设在市城乡建设委，主要负责人任组长，负责规划建设各类中韩合作产业园。经区、临港区作为中韩（威海）经济合作示范区建设主要载体，也要成立综合协调组和规划建设组，加强与市有关部门对接，抓好具体工作落实。

（二）参与谈判对接。选派人员参与中韩自贸协定谈判，及时掌握有关情况，加强汇报沟通，以威海的产业实践为中方谈判组提供支持，以中韩自贸协定谈判的成果指导中韩（威海）经济合作示范区建设。

（三）强化督导落实。各市区政府（管委）和市直有关部门要组成专门班子，研究具体方案，强化协调配合，形成工作合力，确保各项工作高效推进。领导小组办公室要加强督导考核，定期调度通报进展情况，推动示范区建设取得实效。

威海市人民政府

2014年2月28日

山东省人民政府办公厅
印发关于在山东半岛蓝色经济区建设中日韩地方经济合作示范区的框架方案的通知

鲁政办字〔2012〕111号

青岛、东营、烟台、潍坊、威海、日照、滨州市人民政府，省政府有关部门，有关单位：

根据《商务部办公厅关于在山东半岛蓝色经济区建设中日韩地方经济合作示范区的框架方案的复函》（商办亚函〔2012〕594号）精神，经省政府同意，现将《关于在山东半岛蓝色经济区建设中日韩地方经济合作示范区的框架方案》（以下简称《方案》）印发给你们，并就有关事项通知如下：

一、利用我省毗邻日韩的区位优势，在山东半岛蓝色经济区建设中日韩地方经济合作示范区，是国家优化对外开放布局的新部署，也是山东扩大开放的新优势。青岛等7市和有关部门要高度重视中日韩地方经济合作示范区建设工作，加强组织领导，完善工作机制，制定实施方案，明确分工，落实责任，充分发挥自身特点及与日韩经济产业互补优势，采取有力措施，做好与日韩的对接工作，努力实现中日韩地方经济合作示范区建设的快速发展。

二、青岛等7市要发挥各自优势，把与日本、韩国合作城市开展对口交流作为突破口，争取尽快建立一批"经济合作伙伴关系"。要利用国家级经济技术开发区迅速启动中日、中韩产业园规划编制工作，注重吸收借鉴日韩理念、发展模式及管理服务体系，注重产业集聚、错位发展、高端高质高效，积极吸引日韩地方政府、经济团体、大企业参与产业园规划建设。要不断丰富与日韩合作内涵，拓展合作领域，提升合作层次，在投资、贸易、会展、金融、旅游、港口物流、空中航线等领域培育合作典范。

三、省有关部门要加强与国务院有关部委的汇报与衔接，积极争取中央对中日韩地方经济合作示范区的支持政策，切实做好重大政策的落实。要结合职能分工，密切配合，通力合作，进一步加强对《方案》实施的支持和指导，在投资贸易便利化、国民待遇、投融资、土地利用等方面探索创新，为示范区建设提供有力支撑。省政府驻日韩经贸代表处要积极协助各市对外联系商谈推进工作。

山东省人民政府办公厅

二〇一二年七月二十三日

关于在山东半岛蓝色经济区建设中日韩
地方经济合作示范区的框架方案

温家宝总理在第五次中日韩领导人会议上提出"利用中国山东毗邻日韩的区位优势，建设中日韩地方经济合作示范区"，这是国家优化对外开放布局的最新部署，是中央赋予山东的重大使命，也是山东扩大对外开放的新优势，使山东与日韩的经贸合作站到了新的起点上。为积极推进中日韩地方经济合作示范区建设，拟定如下框架方案：

一、背景情况

2007年，根据山东省委、省政府的要求，山东省商务厅组成专门班子开展"中日韩自贸区山东先导区"研究，2008年在商务部指导下，课题转向"泛黄海中日韩区域合作山东先导区"研究。2009年4月，山东省委、省政府按照胡锦涛总书记关于打造山东半岛蓝色经济区的重要指示，对加强中日韩区域经济合作提出了明确要求。商务部政研室、研究院与山东省商务厅组成联合调研组，在部省合作机制框架下，开展了"山东半岛蓝色经济开放先导区"可行性研究，提出的打造中日韩区域经济合作试验区等研究成果纳入国务院批复的《山东半岛蓝色经济区发展规划》。2012年3月，姜异康书记、姜大明省长在济南会见商务部陈健副部长，提出在山东半岛蓝色经济区加快推进中日韩区域经济合作试验区建设。3月22日，在陈健副部长与才利民副省长共同主持召开的部省合作会议上，确定将建设中日韩区域经济合作试验区作为部省合作重点事项。会后，根据部省合作会议精神，省商务厅拟订了《在山东半岛蓝色经济区建设中日韩区域经济合作试验区的框架方案》。商务部与外交部上报国务院批准后，将"建设中日韩区域经济合作试验区"调整为"建设中日韩地方经济合作示范区"。商务部与日本、韩国政府有关部门沟通后，列为中日韩领导人会议和三国经贸部长会议议题。2012年5月，第五次中日韩领导人会议、第九次中日韩三国经贸部长会议、第四届中日韩工商峰会相继在北京召开，温家宝总理倡议，利用中国山东毗邻日韩的区位优势，建设中日韩地方经济合作示范区，并积极考虑在日韩选择合作的区域，建立三国产业合作基地。在三国经贸部长会议上，三方一致表示赞赏中国建设山东半岛蓝色经济区的倡议，并共同期待该倡议将促进区域经济的发展。

二、区域范围

中日韩地方经济合作示范区（以下称"示范区"）范围为山东半岛蓝色经济区，涉及青岛、东营、烟台、潍坊、威海、日照、滨州等7市，面积6.4万平方公里，总人口3300万人。该区域是环渤海地区与长江三角洲地区的重要结合部、黄河流域最便捷的出海通道、东北亚经济圈重要组成部分。

三、合作原则

建设中日韩地方经济合作示范区遵循以下原则：

（一）统筹规划，突出重点。充分考虑中日韩三国政治制度、经济产业发展水平等方面的特点和差异性，统筹规划，全面推进，突出重点，先易后难，不断丰富内涵，完善合作内容，推动示范区多层次、开放式协调发展。

（二）政府推动，市场引导。三国政府加强对示范区的指导和推动，确立合作模式，制定扶持政策，合作项目按市场化原则和国际惯例运作。

（三）优势互补，互利共赢。发挥地缘优势、资源优势和市场优势，开展与日韩产业互补合作，承接高端产业转移，形成合理的产业分工协作格局，实现互利共赢。

（四）务实合作，创新发展。以项目为中心，完善项目推进机制，务求取得实效。积极探索，先行先试，力求在合作开发方式、管理、运行模式和政策支持等方面实现突破。

四、功能定位

在中日韩多双边经贸合作机制下，依托山东半岛蓝色经济区，发挥毗邻日韩的区位优势，建设中日韩地方经济合作平台、中日韩产业合作高地、东北亚国际航运物流枢纽、中日韩经贸交流会展中心，建设全国面向日韩的地方经济合作示范区，为进一步优化对外开放格局，助推中日韩自贸区谈判进程作出积极贡献。

（一）中日韩地方经济合作的平台。推动山东省和青岛、东营、烟台、潍坊、威海、日照、滨州7市与日本、韩国地方政府间分别缔结"经济合作伙伴关系"，建立地方政府间经济合作交流机制，形成中日韩地方经济合作的重要平台。

（二）中日韩产业合作高地。依托国家级经济技术开发区，在上述七市分别设立"中日产业园"、"中韩产业园"，承接日本、韩国高端技术、高端产业转移，三方政府间合作示范项目优先在产业园区建设，有关试点政策在示范区先行先试，逐步建成中日韩产业合作示范高地。

（三）东北亚国际航运物流枢纽。引进日韩及国际航运物流企业，优化中日韩港口资源配置，完善港口综合服务功能和集疏运体系，逐步形成以青岛港为核心，烟台港、威海港、日照港为骨干，沿海其他港口积极参与，海陆空资源统筹发展、结构合理、功能完善的东北亚国际航运物流枢纽。

（四）中日韩经贸交流会展中心。承接中日韩高层经贸会议及官产学研交流会议，创办中日韩经贸合作交流论坛，举办各类中日韩博览会，推动示范区逐步成为中日韩多层次、多领域经贸合作交流活动的重要举办地。

五、合作内容

（一）中日韩地方政府建立"经济合作伙伴关系"。在双边政府指导推动下，山东省及示范区7市分别与经贸往来密切或经济利益较集中、合作潜力大的日本、韩国地方政府，通过签署谅解备忘录，建立"1+7"经济合作伙伴关系。

1. 推荐合作城市。

山东省：日本福冈县、韩国首尔市；

青岛市：日本京都市、韩国釜山市；

东营市：日本广岛市、韩国群山市；

烟台市：日本北九州市、韩国蔚山市；

潍坊市：日本横滨市、韩国水原市；

威海市：日本福冈市、韩国仁川市；

日照市：日本室兰市、韩国唐津郡；

滨州市：日本川崎市、韩国大邱市。

2. 主要事项。

(1) 建立地方政府行政长官间定期会晤制度, 确立双方经贸合作的方向及重大合作事项;

(2) 积极参与双方产业园区建设, 为重点项目建设提供支持;

(3) 共同或协助举办相关展会等贸易促进活动, 推动双方企业间扩大进出口贸易, 改善贸易结构;

(4) 支持双方企业开展相互投资, 加强新能源、新信息、新材料、新医药、节能环保、高端制造以及海洋产业、金融、物流、商贸、服务外包等重点产业领域合作, 积极促进双方开展劳务合作, 为企业投资经营提供便利;

(5) 在政府、经济团体、企业间建立形式多样的务实交流渠道, 共同推动建立密切的地方经贸合作关系;

(6) 建立双方"经济合作伙伴关系"日常工作机制, 加强双方经济、贸易、投资等相关信息交流, 相应经贸部门负责有关具体工作。

确定建立"经济合作伙伴关系"目标城市, 报商务部备案, 备案后双方签署谅解备忘录。

(二) 合作建设中日、中韩产业园。日韩在新兴产业、高端制造业、现代服务业等方面拥有先进技术和丰富经验, 在中日、中韩双边园区合作机制框架下, 共建"中日产业园"、"中韩产业园"具有较大潜力和发展空间。中日、中韩以互利共赢、共同发展为目标, 共同支持在青岛、东营、烟台、潍坊、威海、日照、滨州7市所属国家级经济技术开发区内, 合作规划建设"中日产业园"、"中韩产业园"。商务部与日本经济产业省、韩国知识经济部分别就合作建立"中日产业园"、"中韩产业园"

签署谅解备忘录。"中日产业园"由青岛中日创新产业园、东营中日生态产业园、烟台中日现代产业园、潍坊中日装备制造产业园、威海中日医药及医疗器械产业园、日照中日健康食品产业园、滨州中日纺织服装产业园等7个特色产业园构成。"中韩产业园"由青岛中韩创新产业园、东营中韩装备产业园、烟台中韩新能源汽车产业园、潍坊中韩海洋化工产业园、威海中韩信息技术产业园、日照中韩汽车零部件产业园、滨州中韩现代农业园等7个特色产业园构成。

1. 建设主体。7市国家级经济技术开发区作为各自特色产业园开发建设主体，与日韩"经济合作伙伴关系"城市、大企业、经济团体等合作规划建设，创新开发管理模式，共同组织开展境内外产业园招商推介活动。

2. 日韩合作方。日本经济产业省可委托"经济合作伙伴关系"城市，日本贸易振兴机构、经团联、日中经济协会等经济团体以及大企业；韩国知识经济部可委托"经济合作伙伴关系"城市，大韩贸易投资振兴公社、全经联、大韩商工会议所等经济团体以及大企业，作为合作方与7市国家级经济技术开发区合作共建或参与产业园规划建设。

3. 组织实施。中日韩三国政府和相关地方政府分别以适当方式向各自国内的经济团体、企业宣传介绍产业园及有关项目，向希望参与产业园项目的企业提供适当的支持。三国政府达成的多双边重点合作项目，优先在"中日产业园"、"中韩产业园"内先行先试。

中日、中韩双方将通过司局级磋商回顾和评价"中日产业园"、"中韩产业园"谅解备忘录有关合作事项进展情况，有关重要问题可提交双边协商机制进行协商。

(三) 打造中日韩经贸交流会展中心。

1. 在示范区城市召开中日韩三国经贸部长会议、中日经贸副部级磋商、中韩经贸联委会以及构建中日韩自贸区谈判和磋商各级别会议，举办构建中日韩自贸区官产学研高层学术研讨会。

2. 在青岛创办"中日韩合作（青岛）商务论坛"。由商务部、日本经济产业省、韩国知识经济部共同主办，邀请三国领导人出席，承接中日韩工商峰会。

3. 支持示范区各市举办各类中日韩经贸合作展会及有关经贸促进活动。

（四）发挥保税港区、综合保税区功能作用。

1. 依托青岛前湾保税港区、烟台保税港区功能优势，支持青岛前湾保税港区、烟台保税港区与日韩自由贸易港合作，在海关监管、外汇金融、检验检疫等方面先行先试；支持日韩籍干线船舶在青岛前湾、烟台保税港区发展中转业务，发展国际过境集装箱运输。

2. 支持潍坊综合保税区吸引日韩物流企业入驻，发展与日韩的国际物流业务，为日韩货物进入中国提供保税加工、中转、国际采购、国际展示服务。

（五）加强港口物流合作。

1. 在中韩"4+1"港口战略联盟（青岛港、烟台港、威海港、日照港+釜山港）的基础上，建立中日韩港口战略合作联盟，增加集装箱运输航线，共同发展集装箱联运与国际中转、物流配送等航运物流业务。

2. 提升中韩陆海联运汽车货物运输层次，尽快推动实施整车运输。积极争取我省港口与日本福冈试点开通陆海联运汽车货物运输项目，双方允许集装箱货车通过海上滚装货轮相互抵达对方港口，实现集装箱货车陆海"一站式"运输。

3.推动青岛、烟台、威海、日照港与日本、韩国港口之间合作开发豪华邮轮商品。

（六）增加与日韩空中航线。鼓励日本、韩国航空公司入驻青岛、烟台、威海等国际机场，支持增开与日韩主要城市及"经济合作伙伴关系"城市的空中航线，形成密集的立体交通网络。

（七）推进投资贸易便利化。

1. 相互简化出入境手续，在青岛、烟台、威海、日照口岸，给予韩国商务人员和旅游观光客落地签证便利；日本、韩国给予山东省商务人员和旅游观光客落地签证等便利。

2. 在中日韩双边或多边检验检疫、海关合作机制下，积极争取在山东试点，加强与日韩进出口贸易、食品安全及相关领域的互信互认合作，积极探索与日韩间电子口岸（单一窗口）数据交换标准建设，建立电子商务认证体系和物流配送体系。

3. 探索建立东北亚地区标准及技术法规共享平台，加强与日韩的技术标准对接。

鼓励各地发挥优势，突出重点，竞相发展，创出经验，发挥青岛蓝色经济区核心区的龙头带动作用，率先突破。

六、政策支持

（一）落实《中日韩投资协定》，对日韩资企业实行国民待遇，支持日韩资企业投标政府采购项目，对日韩资企业及其外籍人员在购置物业、就医、就学等方面，与山东企业或居民同等待遇，按同一标准收取费用。

（二）支持日韩资企业与内资企业同等享受山东半岛蓝色经济区财税、投融资、土地利用、海域海岛等方面扶持政策。

（三）支持日韩资企业使用蓝色经济区产业投资基金。

（四）鼓励日韩资企业进入山东基础设施建设、公用事业等领域，参与国有大中型企业和各类优势企业并购重组。

（五）积极争取国家有关扶持政策，制定山东省扶持政策。

七、合作机制

（一）中日韩三国经贸部长签署谅解备忘录，确定中日韩地方经济合作示范区三方合作框架，重大合作事项提交三国经贸部长级会议讨论决定。

（二）依托中日经贸部门副部级磋商、中韩经贸联委会，建立由商务部、日本经济产业省、韩国知识经济部共同参加的议事机制，必要时吸收山东省政府参加会议。

（三）商务部、山东省政府部省合作机制作为"中日韩地方经济合作示范区部省共建协调机制"，商务部有关司局和山东省商务厅负责相关具体工作。

（四）山东省政府成立中日韩地方经济合作示范区建设领导小组，省政府主要领导任组长，省政府分管领导任副组长，省有关部门、单位主要负责同志，青岛、东营、烟台、潍坊、威海、日照、滨州7市市长为成员。领导小组办公室设在省商务厅，省政府分管副秘书长、省商务厅分管领导兼任办公室主任。

（2012年7月23日印发）

| 지은이 소개 |

이주영

국립인천대학교 학술연구교수
중국인민대학교 재정금융학원 경제학박사
(전) 성균관대학교 성균중국연구소 수석연구원
(전) 한양대학교 국제학부 겸임교수
(현) 한신대학교 중국학과 외래교수
(현) CSF 중국전문가포럼 전문가
(현) 중국 산동대학교 외국인 전문가
(현) 한중사회과학학회 일반이사
(현) 아시아·유럽미래학회 편집위원
연구분야: 한중FTA, 한중 경제협력, 동아시아 경제협력, 중국 일대일로,
        북중경협

윤성혜

국립인천대학교 학술연구교수
중국정법대학 국제법학원 법학박사
(전) 국회입법지원위원 엮임
(전) 원광대학교한중관계연구원 연구교수
(현) 한중법학회 총무이사
(현) 중국지역학회 편집이사
(현) 중국학연구 편집위원
연구분야: 한중 FTA 비관세장벽, 한중 경제협력, 중국환경법 및 국제환경법,
        중국 생물유전자원의 이익공유의 법률문제 연구

한중 FTA와 지방경제협력 연구

초판 1쇄 인쇄 2018년 6월 15일
초판 1쇄 발행 2018년 6월 25일

지 은 이 | 이주영 · 윤성혜
펴 낸 이 | 하운근
펴 낸 곳 | 學古房

주   소 | 경기도 고양시 덕양구 통일로 140 삼송테크노밸리 A동 B224
전   화 | (02)353-9908   편집부(02)356-9903
팩   스 | (02)6959-8234
홈페이지 | www.hakgobang.co.kr
전자우편 | hakgobang@naver.com,   hakgobang@chol.com
등록번호 | 제311-1994-000001호

ISBN   978-89-6071-743-5 93300

값 : 14,000원